元宇宙革命与矩阵陷阱

科技大集成和文明大考

王 骥－著

中国出版集团公司
华文出版社

目录

第一章 人类封神与二维度元宇宙 / 1

"元"的广博内涵 / 2
互联网与元宇宙九大层级 / 6
二维度元宇宙的诞生 / 12
终端大变革与未来趋势 / 17
价值塑造与时代颠覆 / 21

第二章 觊觎造物主与多维度元宇宙 / 28

三维度元宇宙的诞生 / 30
平行世界 / 36
两大时空 / 39
意识上传与永世循环 / 44
元宇宙集群与维度跃迁 / 49

第三章 世界是这样的 / 55

来源与衍进 / 56

困惑和扩展	/ 59
虚实关系与直观感受	/ 61
概念出笼	/ 64
领军者与关键特征	/ 68
关键特征分析	/ 71
基础属性	/ 75
主要品质	/ 77

第四章　矩阵、陷阱与文明　　　　　/ 80

脸书更名与莫比乌斯环	/ 83
循环升级与意识矩阵	/ 88
四大理论与矩阵集群	/ 92
矩阵编程与算法误导	/ 98
矩阵操纵与安全	/ 102
精神鸦片和矩阵阴谋	/ 106
矩阵重启与文明冲击	/ 112

第五章　饕餮盛宴　　　　　/ 120

临界与火爆	/ 120
资本蜂拥与巨头布局	/ 124
万亿生态	/ 130
现实与挑战	/ 135
游戏先行	/ 138
游戏距离元宇宙有多远	/ 141

第六章　科技大集成　　　　　　　　　　/ 146

海纳百川　　　　　　　　　　　　　　　/ 147
智能天下　　　　　　　　　　　　　　　/ 150
大物联时空　　　　　　　　　　　　　　/ 156
沉浸与虚拟　　　　　　　　　　　　　　/ 161

第七章　区块链与元宇宙的擎天石　　　/ 166

底层技术与支柱　　　　　　　　　　　　/ 166
虚实世界的桥梁　　　　　　　　　　　　/ 169
价值追溯与传递　　　　　　　　　　　　/ 173
让游戏变成人生　　　　　　　　　　　　/ 176
成就平行世界　　　　　　　　　　　　　/ 179
四种价值与体现　　　　　　　　　　　　/ 181

第八章　万物皆可 NFT 与元宇宙经济　　/ 185

概念出炉　　　　　　　　　　　　　　　/ 187
破鞘而出　　　　　　　　　　　　　　　/ 189
重要标准与潜力　　　　　　　　　　　　/ 194
应用与价值　　　　　　　　　　　　　　/ 198
内容与误区　　　　　　　　　　　　　　/ 205

第九章　元宇宙与 DeFi 金融革命　　　　/ 208

DeFi 破土而出　　　　　　　　　　　　　/ 209
两大金融系统　　　　　　　　　　　　　/ 212
系统贷款差异　　　　　　　　　　　　　/ 214

信用评判比较	/ 217
两大系统关系	/ 219
价格预言机	/ 220
稳定币模式	/ 224
NFT+DeFi 模式	/ 228
DEX 交易平台	/ 230

第十章　这样打造新世界　　　　　　　　/ 235

遥望社交 3.0	/ 236
Web3.0 及其核心价值	/ 239
从中心到分布式数据存储	/ 246
IPFS 的未来	/ 253
XFS 助推元宇宙升维	/ 255
XFS 的美妙及其与 IPFS 的区别	/ 258

第十一章　DAO 治理与颠覆性协同　　　　/ 261

产生的根源	/ 262
核心特点与颠覆性	/ 265
元宇宙的必然	/ 267
分类与优势	/ 270
治理的局限性	/ 273

第一章　人类封神与二维度元宇宙

"在一开始就有了语言，语言与神同在，语言就是神。"《圣经·新约·约翰福音》这样说。语言就是神，而神创造了这个世界，所以，语言创造了这个世界。元宇宙是代码，代码就是语言——计算机语言。

《圣经》到底是在告诉我们真实的世界是由语言创造的呢，还是元宇宙这样的虚拟世界是由语言创造的呢？或者二者皆而有之！如果是这样的话，掌握计算机语言的人类就是神……

回过头来，如果你去翻翻全球各地的古老神话，再对照近三四十年来科技对人们生活的改变，你一定会相信人类在很多方面都已经成神，而且"神"们正在酝酿创建一个虚拟的"宇宙"。不管"元宇宙"这个词语是某种借代还是有其他什么意思，现实宇宙本身的宏大与神妙莫测，已经给人们以无穷的遐想和无限的创造空间。

"元"的广博内涵

"元宇宙"这个词语，不论是中文还是英文（Metaverse），如果没有"元"这个字或者"meta"这个前缀就失去了一切意义。有了这个修饰，元宇宙不仅变成了一个概念、一种思想、技术的大集成，而且很有可能被导向价值观的颠覆、意识的突变、社会的转折、人类的奇点与文明的大考验。

"元"这个词的内涵不仅广博无边，而且奥秘无穷。

在汉语中，"元"有最初、开始、起端的意思，还有根源、本源、根本的意思，更有第一、居首位及头部、首领和君主的意思。《吕氏春秋·有始览·应同》说："帝者同气，王者同义。"这里的"气"，后人注释为"同元气也"，表示"元"有着同"帝王"平等的地位。

"元"在数学运算中代表变量,表明它具有对"变化"的把控与衡量的特性。

"元"是社会的根本要素和最小单位,也代表黎民百姓,更是构成一个体系或系统的元素总和。如黎元、单元等。

我国古代术数家认为,物质世界按照五行依次轮动,周而复始,一个周期谓之一元。有两个成语叫作"一元复始,万象更新",表述了每年从头开始,万物轮回而又不断更新的本质。

"元"能直接代表"天",比如"元机"意为天机,指神秘的天意;"元神"意为天帝、天神,指人的意识与高于生命之上的精华,如元神出窍;"元命"意为天命;"元天"意为苍天。《淮南子·原道训》说"执玄德于心,而化驰若神",这里的"玄德"即"元德",就指天道、天理。

"元"还是世间万物乃至宇宙苍穹等的元生之气,如元气。这就超越了"天地君亲师"等一切天地之中的伦理、秩序与规律。针对元的这种"超越性",道家人士干脆把"元"同统领宇宙及世间万物的最高与最基本法则"道"直接等同起来,如《子华子·大道》说:"玄,无所不在也。人能守玄,玄则守之;不能守玄,玄则舍之。"此处的"玄"也即"元"。

上述有关"元"的这些博大、神秘的概念,被当今数字科学界用来描述这个虚拟的"元宇宙",是一种设计还是一种巧合,抑或是一种必然呢? 在这里,我们简单谈谈其中的两层含义。

第一层就是"元宇宙"的本源性。计算机运算与大数据挖掘最基础的数据是元数据(Metadata)。所谓元数据,就是数据的数据。举个例子,社会怎么确认你是一个独立、独特的个体呢?你的社会档案(不仅仅是你平常所填写的档案资料)便是你的元数据,里面包含姓名、性别、籍贯、学历、技能、工作、职称、特长、性格、成就及经历等。这是你在现实世界中存在与发展的基础与根本。

元宇宙的概念,首先要强调"元",即本源、根本的东西,于人来说就是你的本性,根本的、天性的东西,处于灵魂层面的东西。

第二层就是"元"的"超越性"。超越于天性、本源之外的东西,超越现实世界、现实法则,甚至是能与《道德经》之中的"道"等同的东西。

一个是守住本源、根本,一个是超越自我与现实。两者结合才能将个体、群体与系统的天性、特质所具备的创意、创新能力发挥到极致,同时又不会在"乱花渐欲迷人眼"的虚拟世界之中迷失了根本和方向,更不会丢失了自己。

"丢失了自己"的意思是,由于无所不包、精彩绝伦与陷阱无限的虚拟世界太过庞大而迷乱,独特的个体、群体或系统经不起诱惑或冲击,自身消融或被他物同化成其他个体、群体或系统的一部分,进而让自身化为乌有。

所以,只有把握上述两点,那些创建或者拟进入元宇宙的数以亿计的个体、群体与经济体等经过不断进化与创造，构建起来的元宇宙或许才是最精彩、最健康与最持久的虚拟宇宙。否则，就很难判断元宇宙的发展方向了，正所谓越强大越超前的东西，它的破坏力也就越猛烈越深入。

对于元宇宙的概念，网络上有各种不同的定义与诠释。这些定义和诠释无论是从广度、深度、厚度和维度上来看，还是从它所关联的技术、产业、系统与生态层面来讲，抑或是从它所涉及的人文、人性与群体意识等方面来解读，本书总觉得欠缺了些什么。所以，这里先从元宇宙进化的九大层级谈起，通过对它各个阶段演化的剖析，最后再来归纳一个结论，或许这样才能够让我们对元宇宙的概念、内涵与外延等有更深刻的理解。

互联网与元宇宙九大层级

本书认为，元宇宙的肇始要从互联网算起。为什么这么说呢？

互联网是元宇宙在平面虚拟世界里的一场轰轰烈烈的试验和实践，它是二维度的元宇宙。互联网为建立更为宏大更具颠覆性的立体虚拟空间，即元宇宙，进行了深入的探索，做了大量的技术铺垫，积累了丰富的经验，特别是将人们的思维、观念和意识成功地引导到了虚拟世界之中，创造了一场人类的伟大奇迹。当下火爆的元宇宙概念特指立体元宇宙，或者被称作三维度元宇宙。

与互联网相比，在未来的立体虚拟的三维度元宇宙中，创造者们将会把社会的方方面面（包括人们的生活、工作和学习等）带入进去，使人们更加沉浸在这个虚妄的世界之中，甚至将人们的思想、意识和生命带入元宇宙都是有可能的。所以这是一个极具诱惑和风险的尝试。

当然，那个时候，人类或许将会迎来技术、社会和文化的巨大进步，思想与价值观的深度颠覆，同时也将面对人体碳基生理、构造与承受力的莫大挑战，甚至面临整个文明的内卷乃至存亡的冲击。这就像在伊甸园中，夏娃与亚当吃下禁果，在洞开智慧与无限斑斓世界的同时，也必须背负起为了生存而劳苦终身，为了生死而忧心拼争的后果。所以多维度元宇宙是一双翅膀，也是一把枷锁。

时至今日，互联网经历了三个重要的发展阶段，它们分别是初级互联网、移动互联网和价值互联网。当初，在初级互联网和移动互联网时代，如果有人提出要建立一个可以与现实世界对等的虚拟立体世界，并且给人们以宇宙般浩瀚的遐想，敢借"宇宙"之名定义这个概念且制订计划并全面推动的话，人们很可能会把他当成疯子。

然而，在价值互联网被全面、深入推进的当下，元宇宙概念的提出就不同了，虽然仍然超越于现实，但是有了某种水到渠成的感觉。联动前沿科技、众多学科理论及社会发展状况、人文与人性特点，本书将元宇宙的发展划分为九大层级，如图1-1所示。它们分别是：

第一大层级：初级互联网（二维平面元宇宙，涉及TCP/IP、HTTP协议、Web2.0、Web1.0、社交网络1.0等）

第二大层级：移动互联网（二维平面元宇宙，互联网经济高度发达，涉及Web2.0、社交2.0、物联网、智能技术、智慧地球、智慧城市、智能驾

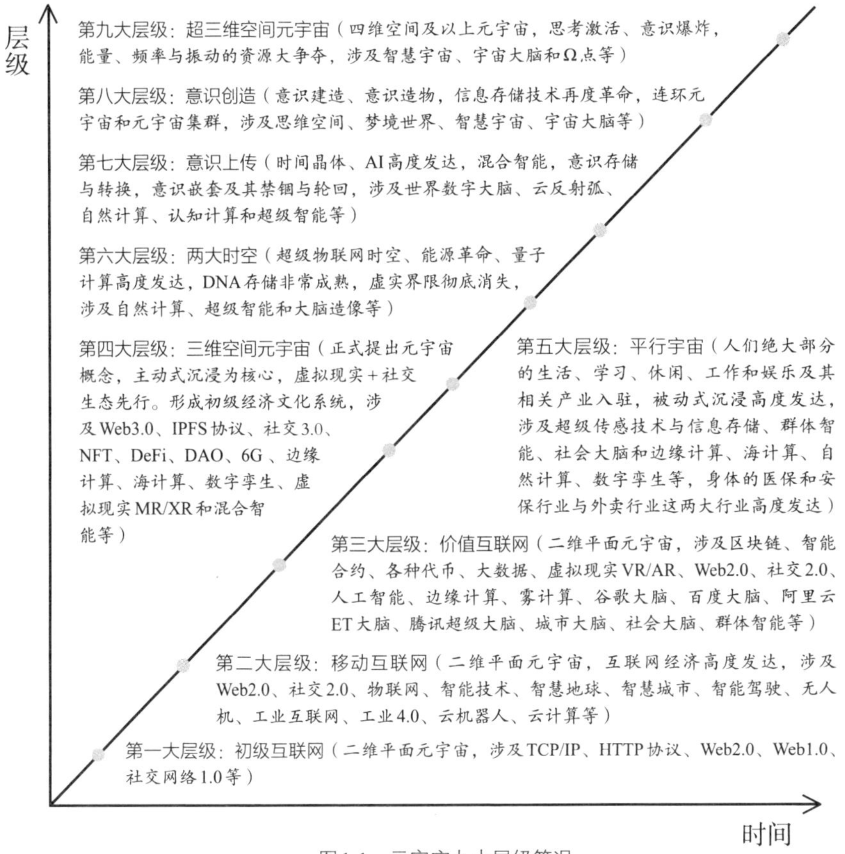

第九大层级：超三维空间元宇宙（四维空间及以上元宇宙，思考激活、意识爆炸、能量、频率与振动的资源大争夺，涉及智慧宇宙、宇宙大脑与Ω点等）

第八大层级：意识创造（意识建造、意识造物，信息存储技术再度革命，连环元宇宙和元宇宙集群，涉及思维空间、梦境世界、智慧宇宙、宇宙大脑等）

第七大层级：意识上传（时间晶体、AI高度发达，混合智能，意识存储与转换，意识嵌套及其禁锢与轮回，涉及世界数字大脑、云反射弧、自然计算、认知计算和超级智能等）

第六大层级：两大时空（超级物联网时空、能源革命、量子计算高度发达，DNA存储非常成熟，虚实界限彻底消失，涉及自然计算、超级智能和大脑造像等）

第四大层级：三维空间元宇宙（正式提出元宇宙概念，主动式沉浸为核心，虚拟现实+社交生态先行。形成初级经济文化系统，涉及Web3.0、IPFS协议、社交3.0、NFT、DeFi、DAO、6G、边缘计算、海计算、数字孪生、虚拟现实MR/XR和混合智能等）

第五大层级：平行宇宙（人们绝大部分的生活、学习、休闲、工作和娱乐及其相关产业入驻，被动式沉浸高度发达，涉及超级传感技术与信息存储、群体智能、社会大脑和边缘计算、海计算、自然计算、数字孪生等，身体的医保和安保行业与外卖行业这两大行业高度发达）

第三大层级：价值互联网（二维平面元宇宙，涉及区块链、智能合约、各种代币、大数据、虚拟现实VR/AR、Web2.0、社交2.0、人工智能、边缘计算、雾计算、谷歌大脑、百度大脑、阿里云ET大脑、腾讯超级大脑、城市大脑、社会大脑、群体智能等）

第二大层级：移动互联网（二维平面元宇宙，互联网经济高度发达，涉及Web2.0、社交2.0、物联网、智能技术、智慧地球、智慧城市、智能驾驶、无人机、工业互联网、工业4.0、云机器人、云计算等）

第一大层级：初级互联网（二维平面元宇宙，涉及TCP/IP、HTTP协议、Web2.0、Web1.0、社交网络1.0等）

层级 / 时间

图1-1 元宇宙九大层级简况

驶、无人机、工业互联网、工业4.0、云机器人、云计算等）

第三大层级：价值互联网（二维平面元宇宙，涉及区块链、智能合约、各种代币、大数据、虚拟现实VR/AR、Web2.0、社交2.0、人工智能、边缘计算、雾计算、谷歌大脑、百度大脑、阿里云ET大脑、腾讯超级大脑、城市大脑、社会大脑、群体智能等）

第四大层级：三维空间元宇宙（正式提出元宇宙概念，主动式沉浸为核心，虚拟现实＋社交生态先行。形成初级经济文化系统，涉及Web3.0、IPFS协议、社交3.0、NFT、DeFi、DAO、6G、边缘计算、海计算、数字孪生、虚拟现实MR/XR和混合智能等）

第五大层级：平行宇宙（人们绝大部分的生活、学习、休闲、工作和娱乐及其相关产业入驻，被动式沉浸高度发达，涉及超级传感技术与信息存储、群体智能、社会大脑和边缘计算、海计算、自然计算、数字孪生等，身体的医保和安保行业与外卖

行业这两大行业高度发达）

第六大层级：两大时空（超级物联网时空、能源革命、量子计算高度发达，DNA存储非常成熟，虚实界限彻底消失，涉及自然计算、超级智能和大脑造像等）

第七大层级：意识上传（时间晶体、AI高度发达，混合智能，意识存储与转换，意识嵌套及其禁锢与轮回，涉及世界数字大脑、云反射弧、自然计算、认知计算和超级智能等）

第八大层级：意识创造（意识建造、意识造物，信息存储技术再度革命，连环元宇宙和元宇宙集群，涉及思维空间、梦境世界、智慧宇宙、宇宙大脑等）

第九大层级：超三维空间元宇宙（四维空间及以上元宇宙，思考激活、意识爆炸，能量、频率与振动的资源大争夺，涉及智慧宇宙、宇宙大脑和Ω点等）

二维度元宇宙的诞生

初级互联网是第一大层级的元宇宙。

互联网普及之初，很多人认为"互联网就是用来发电子邮件的"。显然，当时人们绝对没有想到，在随后的短短20多年的时间内，互联网竟然能够在社会各个领域掀起一波接一波巨大的变革。

即便是发"电子邮件"，也几乎终结一个自人类有远距离信息交流开始就一直存在的庞大实体行业——书信（口信）及后来的邮电行业。当然，与这一行业有关联的其他十多个行业也遭受重创。

时代是一道意识隔墙，它的可变性与认知阻力都很大，很多时候大得让人根本无法想象。比尔·盖茨曾经在1981年做了一个预言，他说："没有谁的电脑需要超过637KB的内存，640KB对任何人来说都应该足够了。"[1] 现在看来这个预言太荒谬了，因为如今连你的手机内存都是他当年预测的100万倍。

---

[1] 耿立鑫：《这嘴真有毒——盘点史上最糟糕科技预言》，中关村在线，2016年7月21日，https://nb.zol.com.cn/594/5947593.html。

当然，电脑在初期内存都很小，比如20世纪60年代通行的TX-2电脑，内存仅有64KB，还不如20世纪末人们放在口袋里的小型计算器，但是它占用的空间却很大——整整两个房间。当时你若想在电脑上做点事，你需要不停地在两个房间里来回奔走以便切换各种元件。所以，那时候操作电脑是一件繁杂的体力活儿。

关于互联网的产生，一般大众可能对两个时间点印象深刻：一是20世纪90年代初，那是大众开始了解互联网的时间点；二是1969年，那是互联网产生的时间点。

1968年10月，美国国防部高级研究计划局（DARPA）和BBN公司①签订合同，研发适合计算机通信的网络。1969年6月完成第一阶段的工作，组成了具备四个节点的试验性网络。它被公认为是世界上第一个采用分组交换技术组建的网络，这就是著名的阿帕网（ARPANET），它标志着互联网（严格意义上属于局域网）的诞生。1969年12月，美国西南部的加利福尼亚大学洛杉矶分校、斯坦福大学研究学院、加利福尼亚大学和犹他州大

---

① BBN 公司，位于美国马萨诸塞州剑桥市的一家高科技公司，建立于1948年。

学的四台计算机，通过协定由剑桥市的BBN公司等执行联机，标志着首个民用互联网的诞生。

然而，让人意想不到的是，早在1962年就有人完美地构想了互联网从产生到如今几乎一切生态模式，这个人名叫约瑟夫·利克莱德。看来，在这个世界上，具有超前预知能力的天才真的存在。

利克莱德是麻省理工学院的心理学和人工智能（AI）专家，是公认的国际互联网（Internet）开山领袖之一。他于1962年10月1日出任美国国防部高级研究计划局下属的指令和控制技术研究办公室主任。他并非计算机专业出身，但是他的兴趣非常广泛，特别是对化学、物理学和行为心理学等跨界领域有着深入的研究。他甚至经常对年轻人提议，千万不要签署超过5年的合同——谁知道5年之后，一个人的兴趣又会在什么地方呢？

早在20世纪60年代，利克莱德就强调电脑（Computer）不是计算器（Calculator），说电脑不仅仅是用来计算的。1960年，利克莱德发表了题为《人—机共生》的文章说："用不了多少年，人脑和电脑将非常紧密地联系在一起。""人们用机器进行的交流,将变得比人与人面对面的交流更有效。"[1]要不是有当时的文章为证,谁能相信在那个时候就有人做出如此超前、疯狂的预言?

更为神奇的是,在1962年8月BBN公司一系列关于"星际计算网络"讨论的备忘录中,利克莱德提出了包括人机界面、图形计算、电子图书馆、电子商务,以及在线银行等当今互联网几乎全面覆盖的功能,甚至包括云计算等。[2]

还有,这个"星际计算网络"备忘录的名字竟然同IPFS协议的名字几乎相同,而这个IPFS正是有望取代传统互联网协议HTTP成为全新互联网协议的"星际文件系统"(元宇宙未来可能的底层支撑协议,将专章讲述)。如不是后人为纪念而有意这么命名的话,那么如此的巧合和怪异让人不得不怀疑:"互联网技术真的是来自外星文明?"

---

[1] 陈仁政:《10个"发明之父"之十——"因特网之父"们》,《百科知识》2018年第21期,第18—21页。

[2] "INTERNET HALL of FAME PIONEER: J. C. R. Licklider," https://www.internethalloffame.org/inductees/jcr-licklider.

同时，利克莱德还提出，通过信息共享与人机合作，使每个人都能够在他人工作的基础上进行新的创造，使人类智慧得到充分解放。他认为人人都可以在任何时间、任何地点，自由地使用网络，网络是为全球每一个人服务的，每个人在网络面前完全平等。

这种超越国别、超越时代，通过建立全球网络造福全人类的伟大目标和构想，体现了利克莱德天才般的预见力、卓越的才华和伟大的情怀。

利克莱德这个如神一样的存在和他如神一样的预测，至少有两点启示：一是说明能够准确预测未来的人大多是跨界的"全才"，因为只有比较全方位深刻理解世界状况的人，才能对未来有个靠谱的判断；二是以此类推，元宇宙绝非一个如同智慧地球、智能社会或者移动互联网之类的阶段性的全新概念，它是人类科技的大集成产物，很有可能会掀起人类生活范式转换的一场巨大革命，当然也会伴随着巨大的风险。

终端大变革与未来趋势

元宇宙的第二大层级应该是移动互联网,它是从终端变革开始的。

移动终端就是让原本固定的互联网移动起来,可以随人而动。这个说起来很简单,但是在它背后所发生的翻天覆地的技术、产业与生活方式的改变就非常复杂了。

互联网终端不仅仅是手机,至少还包括如今的电视、自动驾驶汽车、交通摄像头、联网的VR/AR装备,当然还包括正在或未来将被智慧化的一切事物,如智慧城市、智慧交通和智慧生活等。这些智慧集合体是将具体的物件扩大到一个系统或体系,本书将其命名为"系统性终端";而手机、电视等单个物件,本书将其命名为"物件终端"或"单一终端"。

如今,系统性终端正在建设中,它必备的条件不仅是系统内的组件被智能化,而且这些被智能化的部件需要全部连入互联网。这个在未来是一项巨大而危险的工程,因为这意味着人的一切都会变得很透明,这将严重挑战个人隐私。"系统性终端"的建设最初应该是体系内的部分物件被联网，然后逐步实现全部物件的链接成网。这里面不仅会用到通信技术如6G（5G不足以支撑），还会用到传感技术、物联网、大数据、混合智能，以及边缘计算、雾计算、海计算、云反射弧等数字基础性前沿科技。

未来到了元宇宙的"两大时空"时代，在现实世界的大物联网空间中，诸如台灯、家具、地板、墙壁、道路、建筑，甚至花草树木等，都可以成为终端，即万物皆为终端（这一点后面会讲解）。

2006年，有人说"未来的一切新闻、电视节目都可以在手机上观看"，当时很多媒体就此展开过激烈讨论，认为"手机平面那么小，报纸、电视信息那么多，这是完全不可能的事，很可能是空谈、误导"。那个时候的绝大多数人都是认同这个观点的。让人们没有想到的是，仅仅两年后手机便发生了颠覆性的改变。

手机最初仅仅是用来打电话与发短信的，苹果等行业领军者掀起了手机的巨大变革。2007年，iPhone第一代亮相市场，将原本25个左右按键的机面变成了只有一个单键，之后变成了无键。这个看似小小的变化，背后却涉及众多技术的集合和巨大的实用性变革，当时乔布斯甚至说"我们重新发明了手机"。在这之后，谷歌、三星、华为等巨头也纷纷加入变革的队伍之中，让手机从此变得越来越智能，由此奠定了移动互联网（2008—2009年开启）大时代的基础。

而在此之前，苹果早在便携式音乐播放器领域树起了一座丰碑，至今无人超越。它的iPod与iTunes基本上将唱片发行行业送入了坟墓，同时在音乐传播行业开启了一场前所未有的颠覆性革命。特别重要的是，这场单个领域的革命让人们看到了社会众多行业将会被虚拟数字替代的危机，以及由此可能开创巨大的数字经济市场的前景。这在当时还引发了诸如电影行业、电视行业等相关实体行业对苹果等巨头展开的一场轰轰烈烈的"反异化"阻击战。

iPhone的成功还在于将iPod内置，将音乐商店扩充为App Store，手机从此变成了可以进行应用下载与各种商品买卖的商店，相当于把众多的批发、零售商业与丰富的娱乐场所都一起搬到了手机上。

2011年5月，苹果推出了具有强大存储功能的iCloud，这种集照片流、日历、通讯录、邮件、iBook、文档与应用的备份和恢复功能于一体的云服务产品完成了苹果泛互联网化范式的最后一块拼图。从此，手机不仅变成了商业、娱乐、休闲、工作、学习和生活的大集成的智能体，而且成为亿万民众行为大数据的核心收集端，为打造强大的虚拟数字世界发挥了重大的作用。

当然，移动互联网的出现和繁荣肯定与整个IT行业及整个手机行业的努力和贡献分不开，但是，作为领航者，iPhone的智慧与果敢的确发挥了重要作用。同时，我们也看到，这类通过智能手机建立起来的行为大数据库也严重侵犯了人们的隐私，甚至在黑市与暗网中形成了一个庞大的数据倒卖产业链。

这一层级让经济、商业与生活都与这个虚拟的世界链接起来，与人形成了巨大的黏性。

价值塑造与时代颠覆

元宇宙的第三大层级应该是价值互联网。

经济是社会的血液，而经济交易的载体（或者说借助的等价物）就是货币。这之前的互联网无论多么颠覆我们的世界与观念，它的一切经济交易还是以现实世界的货币体系为媒介。然而，从这个时候开始，虚拟世界产生了真正的虚拟货币。这种有着去中心化的加密性质的货币，迅速从比特币（BTC）开始发展成如今庞大的虚拟货币体系。

虽然这个领域如今纷繁杂乱，处于"群雄割据"的状态，但是它已经具备了可以与现实世界脱离且能独自运行的金融货币体系的特征。这让现实世界中的人更进一步地与虚拟世界黏合到一块儿了，虚虚实实，让你有时分不清什么是现实什么是虚拟，产生"虚拟币是实在的"和"现实币是虚假的"的错觉意识。怎么解释呢？

虚拟币确实可以用来购物（与现实币交换后），与现实中的黄金白银进行交换。从总体上来说，各种虚拟币在数年内价值一飞冲天,年年增长,这不是虚假的,而是真实的,似乎虚拟币变成了硬通货。而现实中的纸币,却被各国政府超发,一年更比一年高,已经严重脱离它本来应该代表的黄金、白银这些实物货币的价值,越来越不值钱了,纸币似乎变得越来越虚假了。

虚拟加密货币背后有个重大的技术,它让互联网发生了范式级别的蜕变。这个技术就是区块链。这一蜕变的意义该怎么理解呢?

世界上没有两片相同的树叶,也没有两朵相同的雪花。树叶与雪花从底层构造上来说都是原子,几乎没区别,然而自然法则能让它们物化成实实在在的树叶和雪花,而且每一片、每一朵都是世间的唯一。

在互联网的虚拟世界中,一切都是数字化的产品与物件,是很容易被改动的,如同人们在梦境中很容易改变万物一样。区块链就像真实世界中的自然构造法则一样,它可以将虚拟世界的任何物件打上烙印,让它变成唯一。不仅如此,它还可以将现实世界中的任何物件也打上烙印,让其数字化,进而与虚拟世界链接起来。

厉害吧？这样就将人们的生活、工作与学习等与虚拟世界全面捆绑了起来。你还能逃离互联网这个虚拟世界吗？根本不能。

当然，区块链"烙印"让互联网中的一切变得难以篡改，同时对于可以改动的一切东西进行了"标注"，你的任何改动也会被标注，标注了就能区分出是谁干的，就能计算出你的贡献或破坏的价值。这里举一个非常简单的例子来说明。

比如，百度百科中"中药学"这个词条的编辑贡献，截至2021年12月12日20:36共有82位贡献者，其中突出的贡献者是流穿蜂，如图1-2所示。

我们点开图1-2右下角的"历史版本"，可以看到贡献者列表，如图1-3所示。

顺便点击一个人的贡献，如孤浊雨，便可以查看到"孤浊雨"贡献的区块链"烙印"，如图1-4所示。版本哈希值：609a059c47c94a73bde94fbc42d8acae；区块高度：16835324；区块哈希值：d9db976a43b7a196305b89f

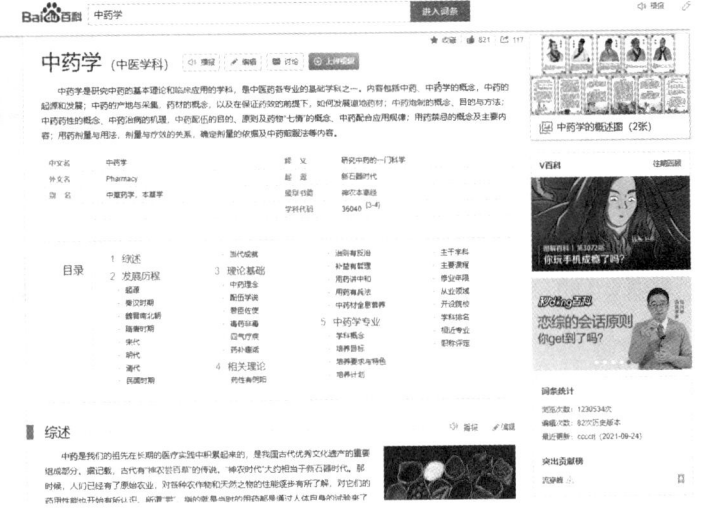

图 1-2 "中药学"词条共有 82 位贡献者,其中突出的贡献者是流穿蜂,截至 2021 年 12 月 12 日 20:36。(来源:网络截图)

6ee614620052ba729a3e6a693f01be02d42820ffe。

这个哈希值内包含改动内容、时间、贡献大小等详细的数据信息,在全球任何地点、任何时候都可以查看到,以目前的技术,根本没法篡改。未来,任何人从这些词条中获得的好处所产生的价值,如果被计算成货币的话,这个"孤浊雨"都能获得一份。

由于互联网中一切皆可进行价值分割、标记与计算

图1-3 "中药学"历史版本的贡献者列表（局部）（来源：网络截图）

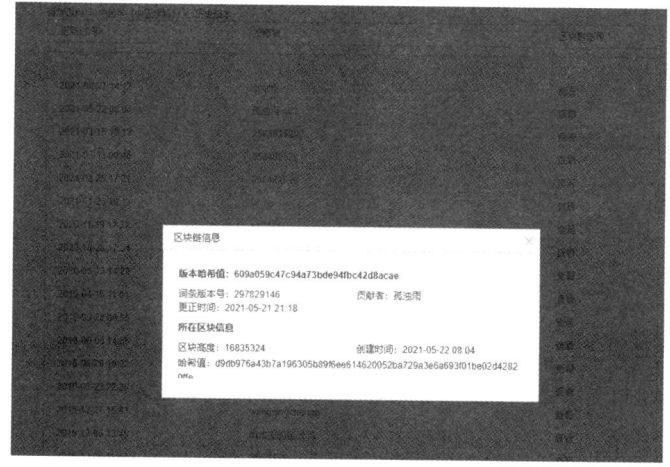

图1-4 孤浊雨对"中药学"词条贡献价值的区块信息（来源：网络截图）

（理论上），这些分割与标记不可篡改，于是数字产品的归属权产生了。这些产品包括货币、信息、文献、资讯、物品和资产等，包罗万象。这些数字产品在互联网中流通、转让，根本不需任何监管机构来监管。

所以，一切中心化系统和权威机构就失去了存在的价值和意义。这是从结构体系上对如今社会、经济和文化的一次颠覆，是现实世界与虚拟世界一场伟大的结构性革命。

由此，你也就很容易理解区块链的特点了，诸如点对点与去中心化、数据可验证性、可追溯性与不可篡改性、去信任与共识机制、开放性与匿名性、跨平台与万物性等。

关于区块链对二维度元宇宙的价值贡献，这里不再赘述，如你想收获更多不一样的理解和知识，不妨去读读本书作者的两部图书《新未来简史：区块链、人工智能、大数据陷阱与数字化生活》与《区块链实用解码730问》。

上面主要从真实世界和互联网的角度来谈这场区块链革命，而在立体虚拟世界呢？一切才刚刚开始。

随着区块链中的共享账本、分布式存储和共识算法等技术的演化或充实所带来的智能合约、去中心化金融（DeFi）、非同质化代币（NFT）、分布式自治组织（DAO）等理念和技术，以及本身就是技术集成的IPFS协议、XFS协议和虚拟现实等众多技术的发展和实践，二维度元宇宙也到了该要完成历史使命的时候，一场更大的质变性质的革命正在酝酿，那就是元宇宙的维度革命。

维度革命的意义到底有多大？举个例子：一个人站在地面上，从二维空间的"面"来看，人就是"两个脚印"。对生活在二维空间中的物种（假设有）来说，仅凭"两个脚印"能够想象得出三维空间中人体的全貌吗？几乎不可能。

第二章　觊觎造物主与多维度元宇宙

当下科技的裂变效应，让一些人已经不再满足于封神的角色，他们开始觊觎造物主。

根据过往经验，每当变革来临，绝大多数的人都常常被"定式思维"困扰，难以跳出思想牢笼。时代突如其来的巨变往往把民众打得晕头转向，他们要么被拖曳着艰难前行，要么被时代抛弃，即便是一些精英人士。这里列举几个例子。

"全世界对计算机的需求量总共可能只有5台。"[1]1943年，国际商用机器公司（IBM）董事长沃森如是说。此时距离第一台计算机诞生还有3年的时间。

---

[1] 《Sun首席技术官：全世界只需要5台计算机》，TechWeb，2006年12月11日，http://people.techweb.com.cn/2006-12-11/129238.shtml。

"没有任何理由说明，人们在家里需要拥有一台属于自己的个人电脑。"[1]迪吉多电脑公司创始人兼总裁肯·奥尔森（Kenneth Olsen）1977年这样判断。

"iPhone对我们业务的影响微乎其微。"[2]2007年第一代iPhone发布时，黑莓首席执行官（CEO）吉姆·贝尔斯利表示很自信。

"马车才会真正留下来，汽车只是一时兴起的时髦而已。"[3]这是密歇根州储蓄银行主席给亨利·福特的律师霍瑞斯·瑞克汉姆（Horace Rackham）的建议。瑞克汉姆当时直接忽略了这个建议，买下了5000美元的福特股票，最后这些股票卖出了1250万美元。

该来的一定会来，不论是好事还是坏事。二维度的互联网或许真的是时候迎接一次颠覆性的维度革命了。

---

[1] 木马童年：《细数那些"不正确"的科技预言》，多智时代，2019年2月13日，http://www.duozhishidai.com/portal.php?mod=view&aid=43736。
[2] 《iPhone发布五周年回眸》，电子发烧友，2012年6月30日，http://www.elecfans.com/3g/iphone/iphone278217.html。
[3] Retric：《关于科技，那些打脸的"神预言"》，36Kr，2015年3月4日，https://36kr.com/p/1642007592961。

三维度元宇宙的诞生

如今火热的"元宇宙"概念是指本书所划分的第四大层级开始的元宇宙,是从二维度的互联网跃升裂变而来的,是三维立体的虚拟世界。

行业领军者罗布乐思(Roblox)提出了元宇宙的八个关键特征,实际上在这个时期不是都很重要。本书认为元宇宙有四个核心:沉浸、经济系统、虚实链接和统一的底层协议,其中前两个是Roblox提出的。下面逐一展开探讨。

沉浸分为被动式沉浸和主动式沉浸。被动式沉浸包括虚拟身份、社交关系,特别是身临其境的虚拟现实(VR、AR、MR、CR和XR等的总称,下同)场景。被动式沉浸不是这个阶段的重点,原因主要有两点:一是元宇宙要达到如同梦境般的带入感,如今的技术还不允许;二是单靠被动式沉浸的元宇宙难以持久。这就像3D电影,刚出现的时候人们出于好奇去捧捧场,不过热情很快就会消减。所以,元宇宙的建设关键还要看内容,即是否有丰富多样、曲折动人的故事。

然而，丰富、动人的内容需要众人去创造。怎么才能吸引人、激发人们的热情呢？实际上互联网上早就有数以万计的成功案例，核心就是"民众主动参与"，即主动式沉浸。比如博客兴起的时候，数以万计的民众如同"打了鸡血"一样疯狂地扑在上面去创造内容。这也是对"马斯洛需求层次理论"的印证，它抓住了人们"自我实现"的心理需求。

从精神层面来看，诸如推特（Twitter）、微信、微博、脸书（Facebook）和QQ等之所以长盛不衰，是因为人们有社交需求；我的世界、王者荣耀、梦幻西游、皇室战争、堡垒之夜、养成游戏与二次元游戏等之所以让人废寝忘食，是因为人们能够从中找到游玩的刺激；维基百科、百度百科、知乎问答和公众号等之所以能够如此热闹，是因为人们能够从中实现自我或得到他人的认同……凡此种种，如果没有人们的主动与热情，根本不可能呈现如此庞大的虚拟社交生态，也不可能建立如此浩瀚的知识文化体系。

实际上，著名游戏平台Roblox的3D游戏刚刚上线时，也几乎无人问津，直到"我们能不能让用户在3D软件中自己创造游戏"的思路被提出来后，Roblox才起死回生，进而人气一飞冲天。这就是主动式沉浸的魅力。

做任何事情光有热情是不够的，满足人们对物质、经济的追求才是持久的发展动力。这也是从人体碳基构造与人性角度来考虑问题的结果。

在互联网上，当博客、天涯和公众号等平台上面的内容创造对民众渐渐失去吸引力的时候，流量经济、网红经济兴盛了起来。原因是有"打赏"、付费，以及创作内容的可交换性作为刺激。这些"打赏"、付费与内容交换及各类平台的积分、虚拟币等能与现实货币进行兑换的机制等，便构成了二维虚拟空间粗糙的经济系统。这便是上文所提及的元宇宙第二大核心要素。

从物质层面来看，亚马逊、淘宝、京东、唯品会和拼多多等之所以如此火爆，是因为人们有交易的需求；PayPal、支付宝、京东金融、微信支付和芝麻信用等之所以能够普及大众，是因为人们有快捷金融的需求；滴滴、携程、大众点评和美团外卖等之所以大受欢迎，是因为人们有便捷出行和快捷餐饮的需求；B 站、抖音、快手、芒果 TV、西瓜视频及各类直播业的兴起，是因为创作者能够从中收获经济效益……林林总总，这些新兴的庞大产业、文化与经济，都是人们物质、经济需求与互联网结合的产物。

本书认为，这个层级的元宇宙，核心目标是要将互联网上的这些产业、文化、休闲与经济等各类生态群模式，复制嫁接到多维度的虚拟空间中来。这也是元宇宙的第三个核心要素"虚实链接"，即虚拟世界与现实世界的链接。

当然，这种链接关系要比互联网与现实世界的链接更具效力，更能给人们带来实惠，也更能让人们增强主动沉浸感。这里再以 Roblox 的 3D 游戏为例进一步谈谈。

Roblox 的 3D 游戏有了人气后，随着平台人数的暴增，其维护费也变得越来越多，Roblox 捉襟见肘，被迫开始在 App 里打广告，实行会员付费制。这一"收割用户"的举动让玩家大量流失。此时，又有人出来提议

"何不在平台上建立一套经济系统，既可以在游戏内促进玩家交易，同时还可与现实世界链接"。一语惊醒梦中人，Roblox的虚拟货币Robux（以下简称R币）诞生了。

Roblox里的用户所创造的游戏内容，有些很好玩，新进的用户也想玩，就得给创造者付R币。获得R币的方法主要有两种：一是自己设计好玩的游戏或模型让别人来买；二是提供付费服务。Roblox的这一改变起初让玩家怨言不断，但是随着时间的推移，这个简易的经济系统却激发出大家的创造潜力，甚至一些优秀的创造者单纯靠R币体系就能赚得盆满钵满。

金钱让玩家有了动力，带动了更多优秀内容的产生。这些优秀内容的出现又带来了更多的玩家，更多的玩家又贡献了更多的R币。后来，甚至一些编程大佬、优秀的游戏工作室也纷纷入驻，这势必又会吸引更多的玩家，更多的玩家又能带来更多的收益。这样Roblox便赢得了持续发展的模式与持续增长的动力。渐渐地，Roblox变得似乎不再是个游戏平台了，已经成为虚拟世界的创造者。

另外，元宇宙需要底层共享协议。如果这个虚拟世界是依附于某些系统的一个程序，它就可能被安装、被卸载和被抛弃。只有操作系统级别的应用才能创造一个生态，也只有操作系统才能成为元宇宙的潜力所在。

由此可知，元宇宙的解释权不能只属于某个公司、集团或国家。要做到这一点，必须有一个开源的共享协议，这个协议很有可能是IPFS，类似于如今国际互联网的HTTP协议和TCP/IP协议。不论是哪家公司、团体都可以利用元宇宙的接口开发出自己想要的应用程序，但是都必须使用、遵守这套共用的底层协议。同时，每一个被开发出来的程序都是与元宇宙链接的独立小世界。应用程序可以通过虚拟界面启动，或者通过手势、语音甚至意识启动。

本书认为，在三维度元宇宙建设的前期，不宜将二维互联网上庞大的产业、生活与娱乐生态毫无差别地复制，而是要根据立体虚拟空间的特色选择性地嫁接。可以让"虚拟现实+社交或休闲""虚拟现实+游戏或娱乐""虚拟现实+远程会议或购物"等生态先行入驻。

如今，元宇宙的一些初级项目已经开始落地，诸如世界摔角娱乐（WWE）的虚拟现场表演、飞书远程虚拟会议系统、脸书"地平线工作室"及众多的元宇宙游戏项目等。

另外，这个时期的元宇宙建设，需要大量资源引入，需要科技、产业巨头的参与，要真正做到去中心化还有很长的路要走。

这个层级的元宇宙，如果不出现少数精英与权力集团的垄断霸权，不出现人类通过诸如超限战等方式自伤、自毁文明的话，或许处于整个元宇宙历史上最具价值的时代。

平行世界

在第五大层级的元宇宙里，人类现实世界的生活、学习、休闲和娱乐及相关的绝大多数产业都已经全面入驻虚拟世界。人们大部分的时间都在元宇宙中度过。

这个时代，被动式沉浸已经达到了足以乱假成真的地步，虚拟现实技术几乎无缝隙地与真实世界对接，且不再需要诸如智能眼镜、头盔和脑机接口等装备了。

虚拟技术将要出现的革命性颠覆，如今已经初见端倪，比如美国国防部高级研究计划局正在积极开发绕过视觉系统（眼睛）而直接将虚假图像投射到大脑视觉皮层上的技术。①

当然，上述几乎抹去现实与虚拟界限的"被动式沉浸"还要用到高度发达的传感技术（包括五官、皮肤等人体所有的感知，哪怕是最精微的体感与直觉）、智能技术、自然计算、认知计算、云计算、雾计算、海计算与边缘计算、巨大的信息存储与传导技术、群体智慧与社会大脑等。同时，由于虚拟事物（比如虚拟身体）具有上天入地、瞬间移动和无畏各类严酷环境的巨大的优势和灵活性，人们已经习惯用虚拟分身去做真身做不到的各种事情，这些好处是你在现实环境中连想都不敢想的，所以非常美妙而具有强大的吸引力。

---

① 《〈细胞〉：绕过眼睛植入幻觉，科学家在盲人脑海中呈现指定图像》，钛媒体 APP，2020 年 5 月 15 日，https://baijiahao.baidu.com/s?id=16667229213 79125360。

这个时代，外卖行业将会演变成现实世界中最大的产业。同时，由于绝大多数的人都沉醉在元宇宙里而无心回到现实，于是又催生了另一个巨大的产业，即现实身体的医护与安保行业。当然，这两大产业的一线工作几乎都由机器人完成。

注意：上述的各大场景，是要在整个社会具备合理的财富分配机制的情况下，90%以上的平民才能分享的福利。区块链、智能合约、NFT、DeFi和DAO等去中心、分布式的技术、金融与治理模式的广泛应用，本来应该让元宇宙变成平民、弱者与精英们共享的价值宇宙，然而由于一切被打上烙印的资源指数级别的累积，反而导致了比现实世界更加极端的不均衡。

少数人的私欲与野心极度膨胀，出现了人类精英的联合独裁或结盟阴谋，绝大部分的人都可能被奴役或者被消灭。所以，人类文明或将遭受巨大挑战。这个我们将在矩阵部分详细讲述。

两大时空

从这个层级开始，绝大部分内容都是作者通过前沿科技、社会人文和人性特征等展开的各种推导，属于仁者见仁智者见智的事情，读者可以当故事来看。同时特别说明：本章之后的所有章节内容几乎都是围绕上文第四、第五大层级的元宇宙展开的最为实在的探讨与介绍。

到了第六大层级的元宇宙，除了生活、学习、休闲和娱乐，人们绝大部分的工作也迁移到了这里，大部分的财富已经在元宇宙中赚得，人们乐不思蜀。

但是，有个一直存在的问题越来越突出：维持元宇宙的运行与成长必须消耗现实世界中的能源（比如电力与算力），随着元宇宙飞速甚至指数级别的成长，一方面，相应能源变得越来越稀缺；另一方面，人们在元宇宙中通过内容创造换来的财富开始快速贬值，要维持在元宇宙与现实世界中的生存变得越来越困难。

于是，很多人特别是广大平民不得不又回到现实世界去劳作，以便换取更多的金钱、食物以维持他们在两个世界中的生活。

这个时候,两大革命出现了。一是能源革命。人类很可能已经攻破了核聚变能源难题,加上自由能源的出现,让整体能源价格大大降低,几乎趋近于零。二是物联网得到了全球人类的高度重视并飞速发展,做到了真正将每个物件乃至一粒沙子都链接进物联网,并形成了巨大的物联网空间。于是,现实世界中几乎所有学习、工作和生活都可以在元宇宙中实现并完成。

由此,现实世界和虚拟世界很可能进化成这样[1](来源于本书作者的《新未来简史》一书):

> 世界只有两张网,一张是一统现实世界无所不包的超级物联网,另一张是浩瀚无边无所不斩的超级虚拟现实网。在这两张网中,现今庞大而似乎无所不能的互联网,即便是不被替代,也将会被降级到信息流中的底层技术或某个分支。同时,虚拟现实(增强现实)将从其他智能科技中脱颖而出,首

---

[1] 王骥:《新未来简史:区块链、人工智能、大数据陷阱与数字化生活》,电子工业出版社,2018年4月第1版,第176—192页。

先演变成虚拟现实网（VRI，与现今的互联网不同），并逐步发展成人类生存、生活与进化的重大的甚至是主要的空间，其性质将会随着它的价值裂变进一步进化成"时空"（包含万物可被随时追溯的时间戳），进而与"超级物联网"一起构筑起人类生活、进化重大的甚至是主要的两大空间与世界。

其中，在"虚拟网络时空"里，很多现实世界及现实物联网中的运行规律、模型、方式的探索或建设，首先要在VRI中进行或模拟。而且人们的学习、生活、创造、体验等很大部分都将首先在VRI中进行模拟或培训，由此，在这里将产生指数级别的学习、工作、科技与智能相结合的机会。对于这一时空，在其无限建设的空间与超级数据库的积累过程中，独特与创新将成为终极追求目标。

…………

当然，随着科技的发展，物联网空间将会不断充实它的内涵，不仅包括地球上的所有人造、自然产生的万物，而且可能逐步将太阳系中的其他行星和物体也纳入进来，形成一个超级巨大的物联网空间。届时虚拟空间的体验将会与实体空间中的体验交互进行，从而创造出人类生存、生活的新模式和新领域。

于是，《新未来简史》得出结论："世界演变成'超级物联'和'超级虚拟'两大时空（空间+追溯万物时间戳），由此，人类生活方式将会大转换，成为新人类。"[①] 这里的"超级虚拟时空"指的就是第六大层级的元宇宙。

同一时期，还将发生另一场重大的技术革命，就是量子计算机突破了"无限并行障碍"的技术壁垒，已经发展到最高级别，DNA存储技术也已经非常成熟。

怎么理解"无限并行障碍"呢？举个例子，从A点到B点有一万条线路可以走，其中只有一条线路上有一块宝石。传统计算机的计算方式是依次一条一条地走，这样来回走一万次来寻找这块宝石，而量子计算机却是

---

① 《新未来简史》一书的推荐文字内容，https://item.jd.com/12320833.html。

分出一万个分身，同时去走这一万条线路（即并行），瞬间完成寻宝工作。但是，量子计算机的这种并行有一定限度，这是一个巨大的技术瓶颈。如今到了这个层级，人类量子计算已经发生技术性跃迁，正式突破这一瓶颈，已经达到接近"无穷大的并行计算"的水准。

另外，DNA存储技术有着无与伦比的优势，它是一种令人难以置信的密集存储介质，1克DNA能够存储大约2拍字节，相当于大约300万张CD，这还是最保守的估算。用DNA存储数据，保存时间可能长达数千年。与硬盘、磁带等存储介质不同的是，DNA不需要经常维护，另外，就读取方式而言，DNA存储不涉及兼容等问题。

并行计算与扩展的超级存储空间，让之前人们"抢夺存储空间，抢夺CPU、GPU的使用权"等竞争变得不再重要。于是，这个层级的元宇宙出现如下的情况：

人类的一切现实场景都可以被虚拟世界替代，你根本不需要在现实世界中去浪费时光和精力。于是，人们的欲望和人性中的劣根性再一次被激发，几何级别甚至指数级别地被放大。

比如有人想领略世界乃至整个宇宙中的各种风光，酷玩各种高级游轮、飞机、跑车与星际飞船，在各个部落、国家和星球轮番体验总统、皇帝和酋长的角色，甚至每一天要换几个不同类型和品味的男女朋友等。由于那时强大的通感仿真、传感体验和时间可塑性等虚拟技术，人们已经分不清现实和虚拟的界限了。

这是个技术至高的时代，也是个彻底堕落的时代。在这个危险的时代里，人们都像吸食了毒品一样，人体碳基生命将会受到巨大的考验与挑战，只有少数意志强大的人才能摆脱困境。

意识上传与永世循环

到了第七大层级的元宇宙，意识是个绕不开的话题。谈这个话题就会牵扯一个重要的双向悖论，值得我们每个人去思考。这里从意识上传与下载说起。

《奇点临近》一书的作者库兹韦尔曾经预测人类早晚会实现意识的上传和下载，并且说这是人工智能发展的最后阶段，意思是人类利用AI等技术在一定程度上实现了掌控意识的能力。

注意，这里要纠正一个误解：掌控并不代表真正的理解和认知。（后文多次类似表述）比如你母亲教你用一定配比的调料秘制某种好喝的酒，你只需要掌握这个配方就可以了，并不必一定要弄懂配方的原理和秘密。

那时，人们将自己的意识上传到电脑保存，需要的时候可以下载下来安放在某些精细的装置之中，让这个装置具备灵性与活力。关于装置与意识之间的关系，这里用一个例子来解释。

如果把你比喻成"某个意识"的话，你今天开宝马，明天骑自行车，后天坐公交车，大后天驾驶劳斯莱斯，看似不同，其实这些不同的车只是你暂时借用的工具和"躯壳"，你自己并没有变化。而人们往往只看重或只关注这些五花八门的躯壳并去判断你的生命和价值，而忽视了其中始终没变的你。

这就引发了如下几点讨论。

一是你完全可以抛弃你的现实躯体，长期或永远待在元宇宙当中。这种抛弃分为主动抛弃和被动抛弃。其中被动抛弃包含身体被破坏后的被迫选择,被外部力量强制或者被外力禁锢。这就非常危险了。

二是人的意识既然可以在碳基身体中展示活力,那么也可以在其他身体诸如硅基身体内展示活力,甚至在钢铁之躯中展示活力,这就有可能创造出超人。所以库兹韦尔预测"意识上传与下载"是AI的最后阶段,这个有点意思,很耐人寻味。

三是让人想起神话《渔夫的故事》。魔鬼被所罗门封印在一个瓶子里,长达数千年都会不生不灭。这个瓶子是什么瓶子呢,这么厉害?这个瓶子一定是个可以禁锢意识的装置。由此又让人想到"水晶头骨"的传说,而水晶确实是个结构非常稳定的物质。这又让人联想到人类有一天发明了能够囚禁意识的科技,如果被邪恶势力掌控的话,元宇宙绝对是个让人不寒而栗的去处啊!

四是,既然意识可以长久或者永久性地在元宇宙中生存,而且可以下载(自我下载或其他意识帮助下载)到某个精巧装置之中,去体验这个装置特定性能限制下的生命,那么人类现实世界中的每个碳基个体,也有可能是其他空间的意识下载到这里来体验碳基生命的。如果是这样的话,那么人类现实世界本身就是一个元宇宙。请问这个元宇宙是谁制造的呢?如果站在制造者角度看问题,那么人类现实世界就很可能是个虚拟世界了。

正如电影《黑客帝国》中的一句台词:"什么是真实?你如何定义真实?如果真实就是你所触到、闻到、尝到和看到的一切,那么这所谓的真实不过是经过大脑编译的电子信号罢了。"

所以,人类个体,包括你、你的父母、你的妻子和你的朋友,你门前的那棵树、那片草坪,你的工作,你的生活,你这会儿坐在电脑面前正打着字,同时听到你老婆在浴室内洗澡的水流哗啦声,你这时的思考与凝视等,都有可能是虚拟的,都可能是你从另一个真实世界中选择(主动、被动选择或者被强制、被禁锢)到这个虚拟世界中来体验某种生命形式的过程。

如果是这样的话,那么,你还有必要再到人类自身建立的虚拟元宇宙中去玩吗?这个人类元宇宙还有建立的必要与意义吗?

如果本身没有意义,那么人类元宇宙的存在就是有意来扰乱你的生命与体验的,极大可能带着某种不友好甚至不可告人的目的,不排除某些邪恶的东西。

这就形成了一个大悖论:如果人类现实世界本身就是虚拟的元宇宙,这个元宇宙是你的意识生命体验学习的一个安排,你若再被引入到人类自身建立的元宇宙内,这就悖逆了你的生命体验历程。

但是,反过来,如果这个悖逆本身又是你生命体验的安排与学程,那么就变成了元宇宙嵌套元宇宙,层层套下去,如同俄罗斯套娃。类比《盗梦空间》电影中梦境套着梦境的情形,那么,你在第一层元宇宙中的一天可能就是下一层元宇宙中的数年时间。这样递推下去,你就会在这个单向嵌套和永世轮回的虚拟、虚无的世界中永远被囚禁,遭受万劫不复的痛苦。

这让人想到了希腊神话中的西西弗斯推石的故事,连神都说这是最能摧毁人类心智的处罚了。

这种嵌套与轮回，如今科学已经证明了它的可行性：2021 年 7 月 29 日，谷歌的研究者利用量子计算机（非常初级）实现了真正的"时间晶体"。在"时间晶体"中的原子会不断轮回，这意味着如果你被迫拥有一份时间晶体，便可以无数次地踏入哲学上的"同一条河流"。[①]

由此推测，人类的元宇宙发展到第六大层级的时候，是不是最好就该收场了呢？目前还不得而知。

元宇宙集群与维度跃迁

到了第八大层级的元宇宙，意识能够存储并能下载，还能永远保存或控制在一个如同水晶体的装置之中并丝毫不会损失，那么，元宇宙将迎来开天辟地般的建设神话。

人们任何时候的任何想法、意识，都可以被自动存储下来，都可能直接转化成创造的内容，就如同你在梦中一样，元宇宙的万物，你只需要用意识去想，一想就

[①] Natalie Wolchover：《谷歌量子计算机造出时间晶体：跳出热力学第二定律的"永动机"出现了？》，机器之心编译，澎湃网，2021 年 8 月 1 日，https://m.thepaper.cn/baijiahao_13833279。

会建成。这将是多么惊人的效率啊!

于是一个问题出现了。我们在元宇宙的第六大层级中已经讲到,人类的计算机和信息存储进行了一次巨大的革命,量子计算高度发达,同时DNA存储技术也非常成熟。但是,到了这个层级,信息存储技术还必须进行一场更为巨大的革命,不然根本不可能应对如此博大的"意识创造"和宏大数据的存储。

这时的元宇宙虽然对四维度空间有些试探,但主要还是围绕三维度虚拟空间来建设,不过出现了无数的连环宇宙。这些连环宇宙不断派生,逐渐形成数以百计、数以千计,乃至数以万计、百万计的元宇宙集群。

这个宇宙集群有多么的宏大与夸张,你只需要想想现实世界就可以了。人类现实中的这一个宇宙,仅仅就其可观测部分(称为可观测宇宙或哈勃体积),即以地球观测者作为中心的球体空间,直径就达到约930亿光年。而在可观测宇宙的范围之外,应该还有更大的部分。

现阶段,在现实宇宙里,我们连距离最近的行星——

水星都没有去过，跨出太阳系也只是一个幻想，遨游宇宙对人类来说更是一种遥不可及的奢望。但是作为意识就不同了，即便是相隔光年的距离也能瞬间抵达。

这就到了元宇宙的第九大层级。

大数学家与哲学家笛卡尔有句名言"我思故我在"，这句话基本上概括了笛卡尔的最高哲学思想，感觉非常神秘。简单理解，意思是"只要我在思考，那么这个思考的我就是存在的；反过来，如果我要存在的话，就得不停地思考"。所以，到了这种层级的元宇宙，除开思考，一切都是没有价值的。诸如在最低等层级的人世间对财富、物质的争夺，在稍高级别的元宇宙中对数字存储空间与算力的争夺，在较高级别元宇宙里对能量、振动与频率的争夺等，都不再有任何意义和价值了。因为这些都可以用思想与意识创造。只有"极度思考来激活意识的巨大能量"才是一切竞争乃至战争的根源。

于是，处于思考爆炸时代的人类意识体，开始通过社会大脑去建设多维度元宇宙，五维度、六维度，乃至十二维度的元宇宙也是可能出现的。

按照超弦理论、M理论等的解释，我们现实世界一共有十二个维度的空间。如果这个现实空间本身就是某个世界的智慧体建立的元宇宙的话，那么，这样宏大的工程又是谁建造出来的呢？

伟大的发明家尼古拉·特斯拉曾经这样说："如果你想了解宇宙的奥秘，请从能量、频率和振动的角度来思考。"[1]

天才物理学家阿尔伯特·爱因斯坦如是说："我们说的物质就是能量，它的振动已经被降低到可以被感觉到的程度。没有物质。"[2]

如果这两位人类科技大师与天才说的是真相的话，那么，我们这个现实中的物质世界之所以会被人们看到，进而被当成真实世界，是因为它的振动频率很低。这个意思是说，物质世界在多维度空间中处于最低等的层次，

---

[1] 柚子木字幕组：《特斯拉说：如果你想了解宇宙的奥秘……》，新浪网，2020年5月20日，https://k.sina.com.cn/article_3990508742_medda54c603300mygf.html。

[2] 《音乐的振动频率中隐藏的秘密》，百度文库，2021年8月20日，https://wenku.baidu.com/view/302754ec094e767f5acfa1c7aa00b52acec79c34.html。

人们的肉身及眼睛可看到的万物属于能量最低级的存在形式。

倘若是这样的话，人类在第九大层级的元宇宙中，也就能够创造出一个或无数个与我们现实世界一模一样的物质宇宙了。

早在20世纪50年代，法国哲学家德日进提出这样的观点：人类通过集成、综合、统一和凝聚，会经历由简单到复杂，由低级到高级，由组织结构松散到组织结构富集，由量多到量精，伴随着"意识"含量的逐渐提高，最终趋于一个终极目的的必然过程。他把这个人类进化的终极目的用希腊字母表中的最后一个字母 Ω 来表示，叫作 Ω 点。

后人将这一观点进行了延伸，并提出：互联网、人工智能和人类将会一起进化，最后步入最高境界 Ω 点，那时，人类将会全知全能，等同上帝或造物主，所以 Ω 点也被称作"上帝之点"。

2013年，有人在《自然杂志》上发表文章揭示，他们通过大脑网络的拓扑特性的时频映像、猕猴大脑的长距网络图特点、人与猴大脑功能之异同点,以及大脑与老年痴呆症之间的关系等研究认为,大脑网络生长与社交网络、互联网进化及宇宙膨胀之间存在相似性[①],也就是说宇宙的成长过程和结构与大脑细胞的生成过程和结构相似,甚至有人认为是一模一样的,并由此提出宇宙大脑的概念。

这些概念和理论似乎都在印证上文关于元宇宙九大层级的某些推演,同时暗示,如果人类不自取灭亡或被外物消灭,终有一天,人类或将不再仅仅是"觊觎造物主",而是要变成造物主。

---

① 方锦清:《大脑网络的探索进程(二)——进展、思考和挑战》,《自然杂志》2013年第2期,第135—143页。

第三章　世界是这样的

经过前面两章对元宇宙九大层级的介绍，这里对元宇宙的概念、内核及其特征等进行梳理。

元宇宙的英文单词Metaverse，它的前缀"meta"我们已经在第一章作了深入解读，后面还将联系全球最大社交平台脸书的更名进一步诠释，这里我们来看"verse"。"verse"代表universe，即宇宙的意思。在"verse"前面添加一个字母"A"，进一步演变，就变成了Avatar。Avatar原意是"化身"，在印度教和佛教中，特指化作人形或兽形的神。这个单词在科幻小说《雪崩》（*Snow Crash*）中的意思是"网络分身"，在网络游戏或聊天室中指玩家使用的虚拟身份。

而Avatar的音译名字为"阿凡达",就是2009年由著名导演詹姆斯·卡梅隆拍的那部风靡全球的经典电影《阿凡达》的名字。

由meta和verse组成的Metaverse这个叫作"元宇宙"的概念,其根本与核心就在于它是"原本的宇宙"和"超越的宇宙"的结合体(本书原创),而不像其他媒体与图书所描述的仅仅是"超越宇宙"的含义。结合前面关于"元宇宙九大层级"的内容演绎,大家应该对此有了较为深刻的理解。

来源与衍进

元宇宙这一概念来源于美国作家尼尔·斯蒂芬森(Neal Stephenson)在1992年出版的科幻小说《雪崩》一书。作者描述了人们以虚拟角色(Avatar)在一个脱离于物理世界的数字三维空间中生活,并与各种软件进行交互的赛博朋克故事。这个数字空间看起来就像真实世界,你可以进入和离开,它可以提供给你许多不同寻常的能力和体验。

事实上，自20世纪70年代末、80年代初以来，在科技领域中，很多人都设想过这种属于未来的状态。1981年，美国计算机教授弗洛·文奇在科幻小说《真名实姓》中就构思了一个可以通过脑机接口进入并拥有感官体验的虚拟世界。再比如威廉·吉布森在1982年的小说《燃烧的铬》及1984年的小说《神经漫游者》中就用"网络空间"来描述这一虚拟世界。只不过尼尔·斯蒂芬森在弗洛·文奇的基础上，进行了升华和加强。

当然，在现实中，这类"虚拟世界"的想法或创意也随处可见。比如电脑游戏《第二人生》已经让人们生活在一个共享的网络世界中了；再比如《精灵宝可梦GO》是另一款视频游戏，它几乎将我们的世界和数字世界混为一谈，有了它的扩增实境技术，你可以在你的周围寻找和捕捉生物。

另外，曾经的"谷歌眼镜"创意及小米最近展示的智能眼镜，2017年前后出现的虚拟现实、增强现实和混合现实及头显、耳机等智能穿戴技术，2009年之后出现的比特币、以太币（ETH）等虚拟货币，区块链技术的应用及其派生出的可追溯的虚拟经济,以及近年来产生的非同质化代币(NFT),还有诸如物联网、人工智能、大数据的发展,通信技术、云计算和边缘计算等技术的提升等,都从不同方向上朝着"元宇宙"的概念要素靠拢。元宇宙似乎正待"破壳而出",当然,元宇宙的概念也应该融入上述技术、创意或生态的特征。

关于元宇宙为浸入数字世界的你提供了"真实现场感"的众多场景,牛津词典由此将其定义为一个虚拟现实空间,用户可在其中与电脑生成的环境和其他人交互;维基百科对元宇宙的描述是:通过虚拟增强的物理现实,呈现收敛性和物理持久性特征的,基于未来互联网,具有链接感知和共享特征的3D虚拟空间。

显然,读者不难发现,牛津词典和维基百科对元宇宙的定义仅仅描述了本书第一章中元宇宙第四、第五大层级的某些特征。

困惑和扩展

2018年,美国大导演史蒂文·斯皮尔伯格执导了一部名为《头号玩家》的电影。这部电影里的绿洲,就是一个虚拟世界。这个虚拟世界如今被很多媒体宣扬为元宇宙的某种定义,我们认为这是远远不够的。这个"绿洲"仅仅提供了一个非常初级的元宇宙概念下的某些空间和元素。

实际上,元宇宙如果不与现实世界互动,那就仅仅是一个游戏的虚拟世界。关于这一点,如今的一些图书和众多网络文章都谈到了。但是,不论你在游戏的虚拟世界中玩得多"嗨",都不能将你的碳基物质身体和现实世界中的各类资源彻底带入这个虚拟世界中去,即便是这个虚拟世界有着完备的经济、文化和社会运行规则和体系,且能将你在这个空间中积累的各类信用积分兑换成现实中的金钱,以及用其他各类资源来反哺你的物质身体和健康等。

由此,很多人认为,未来的元宇宙不仅仅是与现实世界平行的虚拟世界,而且还要能与现实世界紧密、默契地进行交互,否则人们将会彻底坠入虚无主义的深渊或圈套,就像如今一些年轻人疯狂地玩游戏而毁掉自己的健康、学业、工作、家庭和未来一样。所以,只有元宇宙与现实世界契合共长,元宇宙才有存在的价值和意义,同时也才能获得持续、高速发展所需要的各类资源。

但是,问题又来了。元宇宙如果与现实世界契合到绝大部分都重合了,那就失去了"平行虚拟世界的价值"了,同样也会失去成长的动力和资源。无源之水早晚都会枯竭的。所以,这里所谈到的契合是很有考究的。由此我们提出另一个问题,那就是元宇宙这个虚拟世界该怎样与现实世界契合并相承共长呢?

我们认为,元宇宙要与未来现实世界中的物联网的建设联动起来,也就是说,未来的元宇宙是一个要与现实世界中的超级物联网空间并行而互动的一个超级虚拟空间。正如《新未来简史》中所描述的那样:未来,互联网或将被替代,世界将演变成"超级物联"和"超级虚拟"两大时空(空间+追溯万物时间戳),由此,人类将面临生活模式大转换,成为新人类。

虚实关系与直观感受

元宇宙与现实世界的关系,我们用独立、映射、延伸、依存与平行来描述,具体归纳成四个方面的内容。

元宇宙是个跨越真实世界的数字世界。从这一点来说,它是独立的。在这个"永久在线"的世界里,它可以容纳无限量的人同时参与其中。任何基于数据信息的模式、内容和财富等都可以在元宇宙流通,人们与法人(公司、机构等)主体都可以创造内容、建立商店及开展各类体验活动。元宇宙就是一个社会,其间也有持续存在的完整文化、经济系统。

元宇宙是人类现实世界虚拟映射出来的版本。现实世界中的人们可以打破时空界限,以数字化身(Avatar)的形式在其中生活,且永不下线。同时,元宇宙也是我们现实世界存在的一种维度延伸,也有人将其看成互联网Web3.0的迭代概念。

元宇宙不能离开现实世界。这是因为人类是以碳基体的形式存在，在意识还不能下载与上传，不能脱离这个碳基躯体而独立存在的前提下，元宇宙必然是与现实世界紧密共存且高度互通的。所以，从这一点来说，元宇宙又是永远不可能独立存在的，必须依存于现实世界。

元宇宙是一个与现实世界平行的世界。在未来，元宇宙是人类走向数字化时代的载体，也是一个无处不在、永不间断的数字网络，它能将真实世界大部分场景都搬到线上，甚至加入很多不切实际的幻想。它令人兴奋的不只是技术层面上的构建，更是人们社交方式的重大转变。在那个平行世界里，人们也可以扮演另外一个自己，有不同的生活和工作。

由此，我们简单推演一下在初级元宇宙中人的最直观感受。我们认为，这种感受主要体现在便捷的沉浸式体验、开放自由的创作平台、安全公平的经济系统和丰富的社交属性等方面。其中围绕人这个主体，集中表现有三点。

一是忽略空间的限制；二是忽略时间的限制；三是

实现自我的虚拟、重塑与创造。

比如在电影《王牌特工》中有个非常经典的镜头，特工戴上眼镜之后，可以看到不在现场的远程出现的特工，如图3-1所示。这就让人实现了空间、时间的跨越，这也是未来AR最重要的应用场景。当然，未来启动这一类场景，未必一定使用眼镜，其他介质也行，包括语音、手势和意念等皆可。

图3-1　虚拟场景（图片来源：电影《王牌特工》截图）

用户以自定义（包括身份、样貌等）的化身形象在另一个空间中改写人生。人们通过诸如目镜等设备（到更高层级将不用设备）看到一个由电脑绘制的虚拟世界，这个世界巨大而繁华，数以百万计的人在其中穿行。我们可以休闲娱乐，如游戏、社交和逛街等；我们也可以办公，如洽谈商务和商业合作等。在这个世界里的每个人，不仅仅是观看世界的旁观者，而且也是完全身在其中的参与者，我们的视觉、听觉、触觉和嗅觉等都与现实世界的感受几乎一样。当然我们也可以在某些城市的场景中购买土地、构建街道、修建楼宇和公园，甚至拥有一些超越物理法则的东西，诸如时空穿行、驾鹤修仙等都是可能实现的。

当然，这个虚拟世界同时也和现实世界无缝融合在一起，虚拟世界将会对现实世界产生难以描述的影响。

概念出笼

到这里，我们觉得可以回归元宇宙的概念和内核了。

元宇宙不是特指某一款应用、产品或技术，它首先是一个概念。这个概念并不是某些人理解的"基于互联网大脑架构，人类群体思维或梦境世界的实体化，属于互联网诞生后不断发展产生的阶段性技术概念或新兴生态概念"，而是互联网Web3.0的迭代升级或互联网的终极形式（初期阶段），最终将会彻底取代互联网，并与现实世界中未来的"超级物联网"一起构筑起人类未来生活，成为新人类的"两大平行时空（空间+追溯万物时间戳）"，即"超级物联网时空"与"超级虚拟时空"。

元宇宙不是游戏，但最初很可能以游戏为起点，以"虚拟现实+游戏、社交或购物"等形态展开，通过一系列独立开发的虚拟载体，让游戏、休闲、娱乐和社交等内容融合形成沉浸式的泛娱乐平台。经过一段时间的铺垫，虚拟和现实界限逐渐模糊，消费、金融、教育、服务、工作、生活和学习等现实元素全面数字化，并逐步被转移到元宇宙，最后现实世界中的经济、文化、商业和工业等各类生态也将被数字化并入驻元宇宙，直至发展出特定的虚拟社会和虚拟文明，演化成如同我们真实宇宙一样宏大的包罗万象的虚拟宇宙。

在未来的三维度（不包括四维度及以上）元宇宙中，价值定义、伦理关系、道德标准、生产力、生产关系、成本结构与物理规律等都会发生巨变。任意精神沉浸场景都是狭义元宇宙，比如一本书、一个角色、一部电影、一款游戏、一个房间、一片景区和一座城市等。而广义元宇宙是所有现实世界、虚拟体验及其中的物种、物质、信息、规律和时间等互联形成的超级文明体。未来将有无数个狭义元宇宙，人人皆可构建，构成广义元宇宙的统一体。①

从系统与技术层面来看，初期元宇宙通过区块链技术、网络技术、显示技术、信息技术和人工智能等逻辑端、图像端和各种终端硬件支持的几乎所有人类科技的大集成，构建特有的数字基础设施、人机交互、空间计算、创作者经济、去中心化和沉浸式体验等要素，打造包含DeFi、NFT和DAO治理等经济系统、数字通证体系、文化社交体系和独特的文明体系在内的始终在线的全新数字化世界（本书后面章节将专门讲述）。在这个共享的虚拟世界中，每一个人都可以被理解为一组数字信息，可以模拟人生，体验工作、生活和学习等生命过程。那时，出现在你身边的不再是非玩家控制角色（NPC）②，

---

① 北京悉见科技有限公司法人代表刘怀洋的观点，作者觉得有道理，归纳到此处。
② NPC的全称是Non-Player Character，也就是非玩家控制角色的缩写。这个概念最早起源于单机版游戏，逐渐延伸到整个游戏领域，泛指一切游戏中不受玩家控制的角色。在电子游戏中，NPC一般由计算机的人工智能控制，而在卡牌游戏或其他桌面游戏中，NPC则由城主（DM）或裁判控制。

而是能创造数字内容、履行数字职责的现实个体的全新数字生命。

从延续性上来看，元宇宙的概念本身就包括了互联网，如今的互联网属于二维度的元宇宙，从今以后的元宇宙属于三维度的立体元宇宙，在经过未来很长时间的进化之后，元宇宙还可能向四维度及更高维度的虚拟空间演化。

注意：在初级元宇宙向成熟元宇宙进化的过程中，虚拟和现实将会变得难以分辨，如果找不到方法有效限制诸如自私、阴险、奸诈和邪恶等人类负面秉性（这并不排斥人类诸如正义、善良、友爱和协作等众多的正面秉性），很可能会导致现实文明的内卷，制造人类大灾难，甚至造成人类文明（非少数精英定义的狭隘文明）的终结和毁灭（这一点将会在《矩阵、陷阱与文明》章节专门探讨）。

所以，元宇宙是一个概念、一种思想、技术的大集成，而且很有可能被导向价值观的颠覆、意识的突变、社会的转折、人类的奇点与文明的大考验。

在梳理元宇宙的概念和内核后，本章接下来的内容主要针对初级元宇宙，也就是第四大层级的元宇宙和部分第五大层级的元宇宙，谈谈它的关键特征、基础属性和品质。

领军者与关键特征

沙盒游戏平台Roblox是目前元宇宙建设的领军者。在它看来，一个真正的元宇宙产品应该具备八大要素，即与现实世界类似但可以毫无关联的身份、朋友、经济系统和文明，以及通过技术发展实现的能让人们忽略真实世界的沉浸感、低延迟、多元化的内容和玩法，可用任何设备随时随地登录元宇宙。[①]具体来说：

身份：拥有一个虚拟身份，无论与现实身份有没有相关性。

朋友：在元宇宙当中拥有朋友，可以社交，无论在现实中是否认识。

[①] 前瞻研究院：《MEXC Global 元宇宙报告：一个真正的元宇宙产品应具备八大要素》，GameRes 游资网，2021 年 7 月 22 日，https://www.gameres.com/886988.html。

沉浸感：能够沉浸在元宇宙的体验当中，忽略其他的一切。

低延迟：元宇宙中的一切都是同步发生的，没有异步性或延迟性。

多元化：元宇宙提供多种丰富内容，包括玩法、道具和美术素材等。

随地：可以使用任何设备登录元宇宙，随时随地沉浸其中。

经济系统：与任何复杂的大型游戏一样，"元宇宙"应该有自己的经济系统。一般来说，一个"元宇宙"系统需要一套内部的经济系统，用来调节用户在元宇宙内部的生产、分配、交换和消费。

文明：元宇宙应该是一种虚拟的文明。在"元宇宙"当中，人们通过互动逐步建立起规则、秩序，形成各种群体和部落，最后可能会形成独立于现实世界的虚拟文明。

想满足上述元宇宙的特征描述，元宇宙的实现可以从两个层面来探讨——技术和社会。其中的技术至少需要VR/AR、AI、区块链、边缘计算等方面的技术支撑。

在斯皮尔伯格导演拍的电影《头号玩家》中，只要戴上头盔，你就能进入一个叫"绿洲"的虚拟世界，所以有人说，"绿洲"就是满足上面八个特征的一个元宇宙世界（本书不完全认同）。由此也可以看出，上述八个特征的元宇宙概念也是为游戏而量身定制的，当然有着当今现实世界中"一切以财富、金钱为价值中心"理念的深深烙印。

随着国外Roblox、Facebook和国内腾讯等游戏、科技公司的纷纷布局及接下来各种实践的推进，元宇宙的上述条件可能也会不断被修正。当下，诸如Axie Infinity、My Neighbor Alice、Sandbox、Decentraland等区块链元宇宙概念项目，受到了市场极大的追捧，无论是链上土地竞拍、加密资产价格，还是活跃用户数，都在这个疲软的市场中，显现出了惊人的增长态势。

关键特征分析

Roblox提出的元宇宙需要满足的八个关键特征有着深深的游戏印记，或许与该平台公司本身就是做游戏的有关。这些关键特征，笔者认为并不是很科学，这里侧重谈谈。

关于"朋友"这个条件，是典型为游戏玩家设定的。一帮现实中的朋友（或者有同样爱好的网友）约好或自发进入某种游戏空间进行玩耍。实际上，对于元宇宙这样有着无限空间的虚拟世界，仅仅有朋友参与是不够的，还要有敌人、陌生人，有交集的或无交集的人群，以及非人类生物等。他们不仅仅是一起玩耍，还有诸如商业利益、经济企图和法律需求等各种互动关系。"社交关系"这个词，可大可小，小到只有几个朋友，大到可以形成庞杂的社会群体，很符合元宇宙渐进发展的各类状态，所以，笔者认为将"朋友"这个条件换成"社交关系"更为恰当。

关于"随地"这个条件也是如此。如今的游戏，是不能随时玩的，只能抽空去玩，比如上课上班是不能玩游戏的。所以，这个条件也是针对游戏而特别设置的。实际上，在元宇宙中，用于现实学习、生活与技能提升的那部分虚拟空间内容，是需要随时可以进入操作的。这就像如今的互联网，很多工作、学习内容是在线上进行的，需要随时上网。未来的元宇宙，这类需求只会更多更丰富，即时登录是非常必要的。所以，笔者认为将"随地"的条件设置为"开放性"的话，更适合些。

当然，开放性还需要元宇宙操作系统的底层架构是开放的，甚至是开源的，就像现在互联网的HTTP协议和TCP/IP协议一样，应用开发商可以利用元宇宙接口开发出任何应用程序。否则，不同开发商开发的应用就难以兼容。

关于"沉浸感、低延迟、多元化"这三个特征，也是针对游戏来设定的条件。对于元宇宙来说，这是最基础的技术和数字设施，也就是必需的最低层次的条件。不过，其中的"多元化"应该比其他两个条件更为复杂，它可大可小，伸缩延展空间非常大，所以我们设定它比其他两个条件略高一个层次。未来，当元宇宙概念成熟后，"沉浸感、低延迟"这两个条件可以合二为一，比如说用"临场感"来替换，可能更科学些。

关于"经济系统"这个条件，也是根据游戏与最初级元宇宙提出的条件。未来，随着元宇宙的发展，是会有"监管体系"和"文化体系"的。到了较高阶段的元宇宙，就会出现社会体系甚至文明了。

所以，我们由此归纳出比较合理的初级元宇宙的关键特征：

1. 虚拟身份：每个现实世界的人将有一个或多个元宇宙身份。

2. 社交关系：各元宇宙身份之间将产生真实的社交关系。

3. 沉浸感：能够沉浸在元宇宙的体验当中，忽略其他的一切。

4. 低延迟：元宇宙中的一切都是同步发生的，没有异步性或延迟性。

5. 多元化：元宇宙提供多种丰富内容，包括丰富的玩法、道具、场景、空间等。

6. 开放性：现实世界的人能在任何地点任何时间进入，进入后可自由互动。同时，元宇宙操作系统的底层架构也是开放的，甚至是开源的。应用开发商可以利用元宇宙的接口开发出自己想要的任何应用程序。

7. 经济系统：用来调节用户在元宇宙内部的生产、分配、交换和消费。

8. 文明：独特的社会、文化、法律、监管与安全系统，甚至衍生出不同于现实世界的文明。

除此之外，有人还归纳了元宇宙（初期）的基础属性和品质，其中有些与上文讲述的关键特征相重合，但是有些却有自身独特的内涵，后文再讲述。

基础属性

元宇宙不是简单的大型多人在线角色扮演游戏（MMORPG）[1]。我们认为，它除了需要满足上述必不可少的八项特征之外，同时还需要具备如下基础特性或属性：

1. 永远在线。就像互联网从美国国防部的局域网阿帕网升级为国际互联网一样。

2. 与现实相连接。其经济系统必须与真实世界的经济系统直接挂钩。这个条件有个例外，就是未来一些神秘的不与现实相连的虚拟世界（多个元宇宙）可能被独立创造出来，等待人类去探险和发掘。

3. 去中心化。解释权不能只属于某个国家或公司。

4. 底层架构是个操作系统，而不是像如今某些游戏或虚拟现实公司开发的某种应用程序。

---

[1] MMORPG，英文 Massive（或 Massively）Multiplayer Online Role-Playing Game 的缩写，尚未有正式中文译名，比较常见的译法则是"大型多人在线角色扮演游戏"，是网络游戏的一种。在所有角色扮演游戏中，玩家都要扮演一个虚构角色，并控制该角色的许多活动。

5. 每一个由个人、团体（如组织、公司或国家等）开发出来的程序都是与元宇宙链接的独立的小世界。当这些应用程序启动之后，对于里面的具体操作，就目前来说，眼球跟踪、手势识别和语音识别是非常有用的三类技术。简单的操作，一个眼神就可以搞定；复杂的操作，配合手势、语音便可以完成。当然，未来随着技术的发展，意识跟踪识别也是有可能的。

另外，整个元宇宙的登录与操作，可以用到手机、智能眼镜等设备，也可以用手势、语音、眼睛甚至意识（未来很有可能）等方式登录。登录后，那些没法虚拟化的应用程序就可以自动显示为浮空态的半透明的程序界面，我们可以用手势或用眼睛去操控这些应用程序。一部分程序可以被改造成虚拟场景中的语音助手，通过语音对话的方式来实现互动。

主要品质

马修·鲍尔（Matthew Ball）[1]写了一篇文章，其中列出了元宇宙将具备的七个品质[2]：

1. 一直在线：元宇宙不会"关闭"，相反，它会一直运行下去。

2. 分享经验：在现实世界里，我们可以看到事情一起发生。例如，地球上的每个人现在都在应对新型冠状病毒。类似地，我们将看到事情在这个虚拟环境中一起发生。

3. 做各种事情：我们亦会分开进行活动，可以做各种活动，而不是游戏里设定的情节。

4. 虚拟经济：我们可以互相买卖东西。这可能包括从一般商品到房地产等资产。

---

[1] 马修·鲍尔，投资人、策略师兼作家。他是 EpyllionCo 的管理合伙人，负责运营早期风险基金及企业和风险咨询部门，也是全球最大的游戏风险基金 Makers Fund 的合伙人，还曾担任亚马逊工作室的全球战略主管。另外，他在《纽约时报》《经济学人》和彭博社拥有专栏，是全球最早且最全面介绍元宇宙的"专业人士"。
[2] 沈默 GSL：《什么是元宇宙？虚拟与现实的碰撞》，腾讯网，2021 年 9 月 21 日，https://new.qq.com/rain/a/20210921A01ZYV00。

5. 混合现实：人们将能够参加既涉及现实世界又涉及数字世界的活动。

6. 共享在线空间：里面的每样东西都应该能正常使用。假设某些电子游戏是这个世界的一部分，你在 Epic Games 和 Roblox 中的数字化身应该能够使用对方游戏中的数字物品。

7. 用户生成内容：它将让人们添加他们的内容到这个空间。

显然，这七大品质强调的是元宇宙与现实世界中人的互动。这种互动与本书提出的元宇宙这个超级虚拟时空必然对应现实世界中的"超级物联网空间"的观点是切合的。这两大超级空间是互承共长的，缺一不可。

以上所讨论的元宇宙的品质、属性和关键特点，都属于元宇宙的基础层面的特征，也是初级或试验阶段的元宇宙基础特征，是其必须具备的。一旦元宇宙进入较成熟的阶段（第四大层级后期和第五大层级前中期），那么，庞杂的虚拟身份和资产、可靠的经济运行体系、强大的社会性、身临其境的体验和开放博大的内容创作等，将成为这个时期的元宇宙特征。当然，到一定时候，由社会、文化、法律、监管与安全等体系融合而成的丰富文明体系也会出现。

怎么理解这两个阶段特征的变化或升级呢？这就犹如进入小学一年级的儿童，老师不会再考虑学生是否会说话、能否简单数数、能否简单识字等条件和特征了，因为这些都是幼儿园时期的儿童所必须做到的。小学生的主要特征要求与幼儿相比已经发生了转移或提升，但这并不否认小学生首先得具备幼儿简单的说话、数数和识字的能力。

第四章　矩阵、陷阱与文明

技术越厉害，带来的好处或坏处也就越具力量，科技是把双刃剑。本章暂且抛开技术给人们、社会带来的好处不谈，只谈其他。

2003年，美国国防部高级研究计划局创建了一个名叫LifeLog的重大项目。该项目不仅能够记录民众即时地理位置和行踪轨迹数据，还会记录个人电子邮件、即时消息、电话、语音邮件、蜗牛邮件、传真和基于Web的一切交易，以及特定靶标所能收听到的每个语音广播、电视广播及其所能看到的每个出版物、网站或数据库的链接等，旨在建立一个能够随时随地跟踪、监听民众的大数据库。[1]当时，这个项目引导民众的宣传（障眼法）大意是：这些包罗万象的互联网日记可以变成近乎完美的数字记忆，让用户几乎可以完美地回忆起他们过去所做的一切事情，不必有一天拿着厚厚的相册一张一张地翻着发黄的照片，艰难地回忆那些残缺不全的记忆。

这个项目和如今全球很多财团、机构建立的大数据中心所收集到的有关民众的种类繁多、事无巨细的庞大行为大数据相比，可能连一只蚂蚁都算不上。然而，这在当时被称为雄心勃勃的大计划一经面世，便引发了社会民众、公共团体和民间组织的猛烈抨击，于是美国这项监控民众的项目LifeLog被迫于2004年2月4日关闭。[2]

同样在2003年，美国国防部高级研究计划局下属的信息意识办公室（Information Awareness Office）也开展了一个类似于LifeLog的TIA计划，即恐怖主义信息挖掘计划，不久也被国会关闭。

---

[1] "Pentagon Kills LifeLog Project," WIRED, 2004-02-04, https://www.wired.com/2004/02/pentagon-kills-lifelog-project/.

[2] "LIFELOG DEAD," Military.com, 2004-02-04, https://www.military.com/defensetech/2004/02/04/lifelog-dead.

与十多年前的民众相比，现今的人们不仅不在乎自身的隐私数据被第三方搜集，而且每天还在大规模地制造这些数据让别人搜集和挖掘，且乐此不疲。譬如如今，一天不让人使用智能手机，估计很多人都会崩溃。

为何十多年前的人们，对于保护隐私有如此高的警觉和觉悟，而仅仅过了不到20年，如今的人们却麻痹、"堕落"到如此不堪、可怜的境地呢？

这让我们想到一句话："谁说你够忠诚？忠诚只不过是因为你所受到的诱惑不够罢了。"套用过来：不是你不想保护自己的隐私等各类人身权利，你之所以没有放弃隐私等各类人身权利，只不过是因为你所受到的诱惑、压力或威胁不够罢了。这些诱惑、压力或威胁就是本章将要谈到的矩阵或矩阵所引发的效应。在谈这个问题之前，我们来看一个非常有趣的事情。

脸书更名与莫比乌斯环

上文讲到，美国国防部高级研究计划局发起的两个项目相继关闭，其中的LifeLog项目在2004年2月4日宣布歇业的当天，脸书公司成立了，而且脸书注册时的公司名字就叫作"Meta Platforms, Inc."。[①]注意该公司名字中的第一个单词"Meta"，正是脸书公司于2021年10月28日更名后的"梅塔"这个名字，也就是元宇宙英文单词"Metaverse"前面那个代表"元"的意思的神秘前缀。

我们该怎么解释这些巧合的事情呢？或许脸书在成立之初就考虑到了未来的"元宇宙"，又或许脸书公司的成立就是为了"元宇宙"。是否与美国军方有关呢？当然，美国政府、军方或金融性质的部门机构，其中一些是有私人投资或被私人拥有的，如美联储等。

再看看脸书这些年来所做的事情，基本上与TIA计划和LifeLog项目差不多。不同的是，用户高达30多亿（接近全球人口的一半）的脸书在搜集民众行为大数据方

[①] 参见其官网：https://about.facebook.com/meta/。

面所做出的成就，与TIA计划或LifeLog项目成立之初的期望相比，可谓功勋卓著，有过之百倍、千倍而无不及。

注意，从严格意义上来说，不是脸书"Facebook"更名为"Meta"，而是在脸书之上凭空设置了一个名叫"元"的母公司，即作为全球最大的社交媒体平台的Facebook变成了Meta的子公司，当然Facebook原先下属的Instagram和WhatsApp公司，现在也变成Meta下属的被控股的公司了，可见"元"（Meta）对于扎克伯格及脸书而言，地位有多重要。

还有个让人感到不可思议的事情是"Meta"前面的标志，是一个微微变形的无穷大符号"∞"，如图4-1所示。

∞ Meta

图4-1　2021年10月28日，世界上最大的社交媒体公司Facebook正式更名为Meta。标识也从一个点赞的手势（或者说是"f"）变成了一个近似无穷大的符号"∞"。

这里将网友对梅塔（Meta）公司名字与标识的解读罗列如下：

第一，向大众表明他们一直以来都在搜集大众的信息，已经不再掩饰。

第二，Meta在希伯来语中的发音是"死亡"的意思。

第三，Meta公司的图标是一个有限又无限的符号，就像一个莫比乌斯环。这个符号在数学上代表无限，实际上是一个极为有限的密封式的矩阵。

第四，梅塔公司的标志对"∞"进行了变形，使其看起来更像一个游戏手柄，有人解释为："让你在一个无限与有限的空间中永远地'自嗨'下去，直至……"

我们知道，任何公司标志与名字的设置，公司所有者肯定都会高度重视，一般会赋予其某些期望、寄托的意义且要有正面寓意，绝对不会随便设计，更何况世界最大的社交平台呢？所以Facebook的突然更名与怪异标识让人浮想联翩：扎克伯格到底要干什么呢？

莫比乌斯环属于一种拓扑学结构，非常神秘，甚至有人将其理解成四维度空间在人间的映射存在，然而它的制作却又出奇的简单。只需用一张长条状的纸条，捏住一端，将另一端旋转180度再与前者粘好，一个简易的莫比乌斯环便做好了，如图4-2所示。你可以用手不断触摸纸环的路线，便会发现转着转着你就从纸的一面转到了另一面，并可以无限循环下去。

图4-2 莫比乌斯环

一些人认为，莫比乌斯环的几何形状可以让人们充分利用它"两面合一"的优势特性，比如传送带为了延长使用寿命，音乐磁带为了加大信息载量，针式打印机的色带为了避免单面磨损，往往被设计成莫比乌斯环的形状。但是，抛开这些优点，我们从中也看到了莫比乌斯环无限循环的"死结"。

如果将蚂蚁放在莫比乌斯环上，它会一直在这个看似无限路径实则封闭的狭小圈套中不停地循环奔跑，直到筋疲力尽甚至耗尽生命都不可能有抵达尽头的那一天，如图4-3所示。这就是著名的莫比乌斯环诅咒，即陷入无限死循环。这也是著名的"莫比乌斯环上的蚂蚁"现象的由来。

莫比乌斯环是一个永远走不到尽头的图形，然而能

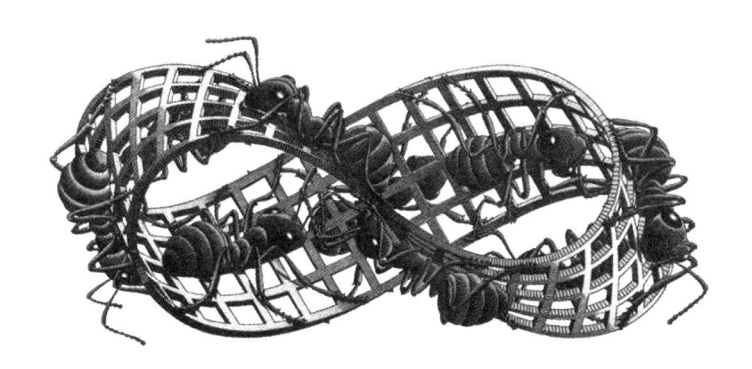

图4-3 "莫比乌斯环上的蚂蚁"现象，著名的莫比乌斯环诅咒，即陷入无限死循环。(图片来源：探秘网)

给人无限的想象空间，这似乎在暗示某些让人脑洞大开的道理……

不仅蚂蚁，其他一些动物在受困于一个小空间内的时候，往往也会表现出类似的心理和行为。有人做过一个实验，将一只狼关进一个如同监狱的小场地内。由于狼一般每天要奔走至少25公里的路程，于是这只狼就在这个狭小场所内不停地奔走，最后在地上留下的图案就是一个无穷大的符号。所以，莫比乌斯环诅咒也有可能是一种心理暗示下的行为操控。

循环升级与意识矩阵

矩阵是17世纪法国哲学家和数学家笛卡尔提出的概念。实际上，莫比乌斯环就是一个完美拓扑学性质的单层矩阵，它的诅咒来自矩阵的微妙和力量。这种力量能够创造无穷的死循环和永无止境的轮回。

笛卡尔在《第一哲学沉思录》书中对现实和幻觉（虚拟）提出了疑问：如何才能确切知道世界不是一个被强加于人的幻觉？数量繁多的幻觉与现实的交互，交互后叠加，再叠加，这样就形成了无数个莫比乌斯环的嵌套与交织。

可能聪明的人会觉得蚂蚁、狼等动物智商太低，所以容易在一个单层的莫比乌斯环中迷惑。但是，如果将你放入两三个交织的莫比乌斯环中，你很可能就开始迷糊起来，更不用说无限的嵌套和交织的环了。

很多电影也揭示了莫比乌斯环的这种诅咒的矩阵力量。如《恐怖游轮》讲述了单身妈妈杰西周末跟好友一起出海游玩，不幸遭遇风暴后登上了一艘游轮，在这里，杰西陷入"救回自己儿子"的莫比乌斯环诅咒般的矩阵迷宫，从而开启万劫不复的恐怖轮回。

又如《环形使者》讲述了一群名为"环形杀手"的成员专门为大型犯罪组织暗杀来自未来的人，其中有位名叫乔的杀手在一次任务中发现：他们所杀的人实际上是来自未来的自己。原来，这种莫比乌斯环诅咒般的有意安排正是"犯罪组织"扰乱未来时间线的矩阵编程。由此，人们陷入循环杀戮而永无止境。

《前目的地》的剧情也很类似，讲的是一个人借助时光机，一次又一次地被拖入死亡循环的矩阵，从而揭示了人们在时间悖论的作用下承受着如同莫比乌斯环一样的周而复始的轮回命运。

此外，Facebook改名Meta，其标志"∞"与臭名昭著的图像板8chan（后改名为8kun）标志相似，更与美国国家安全局（NSA）研究部门开发的软件逆向工程（SRE）套件Ghidra的标志相似，还与国际上众多组织、机构所用的"蛇蜷身成'8'字后再吞尾"的神秘符号相似。

这个"蛇蜷身成'8'字后再吞尾"的符号是不是说，一条蛇在一个莫比乌斯环诅咒的陷阱中，永远轮回、奔跑而无尽头，最后疲惫、饥饿到无力觅食而只得吞噬自己的身体呢？国际上众多的组织和机构都想到了一块儿去，这算不算是集体意识、巧合，或是有其他什么意思呢？

还有，莫比乌斯环及其神秘诅咒，脸书与扎克伯格不可能不知道，那他们与国际上众多组织、机构为何还要用这样一个让人避讳于千里之外的不吉祥的符号呢？"Meta"的汉语"元"，是一个非常美好的词语，在希伯来语中的读音却与"死亡"相似，又被脸书与这个具有诅咒力量的莫比乌斯环捆绑在一起，这是在污秽"元"这个词语吗？这些难道真是巧合或无意识的选择吗？

实际上，众多研究表明：语言、图案和文字等都能散发出特定意识的能量矩阵，这些不同的意识能量矩阵对人的思想、行为乃至生命轨迹的作用和影响都是存在的，有时还非常巨大。

1930年，俄罗斯科学家偶然用卡尔良相机给高电压机器拍照，拍摄到了用肉眼根本无法看到的无形能量场。这些能量场在成像的过程中，呈现出不同的颜色。后来，经过大量的拍摄和研究，科学家发现世间万物都有能量场，并在不同状况下展现出不同的颜色和强度。当然，人体也是被一大片能量场所笼罩，身体健康的话便显现出某种颜色和强度，身体某部分有病变时便显现另一种颜色和强度。这些能量场是可以通过语言、文字或图案的暗示向好或坏的方向转变的。为什么这么说呢？

最有力的证明来自人们对水和沙的实验。如果对水发出赞美的语言或播放优美的音乐，水结成冰后就会报以美丽、和谐而有序的图案；而对着水发怒或恶语相加时，水结成的冰就会出现扭曲、狰狞、让人局促不安的图案。同样，在一个悬空且水平的玻板面上撒上细沙，播放优美的音乐，细沙便会自动排出优美有序的图案；而播放忧伤、摇滚或杂乱的乐声时，沙子排出的图案就会显得扭曲、丑陋或粗暴。

四大理论与矩阵集群

1967年，法国著名学者居伊·德波在《景观社会》一书中提出了景观霸权和景观社会两大重要理论。

在德波看来，景观社会表明人与人之间的社会关系组成是由中介塑造的景观所包围着的社会，并非一定真实。在一个社会里，人们的生活本身展现为景观的庞大堆聚，直接存在的一切全都转化为一个表象。在这个景观社会中，话语、符号、影像、剧目、音频等一切都是预谋的产物，人们被景观所驱使、强制而不自知。

德波认为景观的功能之一便是一种隐蔽的控制。在现代社会中，更好的控制策略需要输出带有规训色彩的景观，从而引导观众，塑造统一的情境，这便形成了景观霸权。如今，作为资本载体的景观在新兴媒介技术的帮助下，通过"不间断的话语""单边的交际"入侵了个体的现实生活，迫使其为资本增值服务。

最具领导性的景观塑造，表现在媒体与权利、资本的结合上。现象级的巨大媒介景观可以塑造公众的认知体系与情感，进而影响公众行为。因此，人们通过媒介资源塑造景观而获得权利和机会。比如2019年的乌克兰大选，喜剧演员泽连斯基因为在热播连续剧《人民公仆》中扮演从普通教师到乌克兰总统的"瓦西里"而一炮走红，凭借极高的知名度与美誉度在剧外实现了从"政治素人"到高票当选总统的转变。

再比如与资本结合的转基因农作物，通过强大的媒体、机构与专家鼓吹等各种渠道景观的"不间断的话语""单边的交际"等，形成了景观霸权，已经在很多发展中国家把传统农业排挤到难以生存的地步。

实际上，本书认为，景观社会和景观霸权的概念在当今这个信息爆炸、高度复杂、一切都在智能化的社会，已经难以准确描述那些诸如思想误导、意识编程、隐形霸权与肆意操控的潜在力量了，需要另一种更准确的概念——矩阵。比如，话语矩阵、符号矩阵、影像矩阵、剧目矩阵和音频矩阵等形成了景观矩阵，景观矩阵产生了景观霸权。而景观矩阵只是社会纷繁庞杂矩阵中的一种而已。此外还有权利矩阵、资本矩阵、关系矩阵、教育矩阵、舆情矩阵、渗透矩阵、历史矩阵、信息矩阵、数字矩阵、认知矩阵、意识矩阵和价值观矩阵等。

当资本权力矩阵足够强大，紧扣人性弱点的计划足够完美，渗透的时间足够长，它就可以将上述各种社会矩阵纳入麾下，形成强大的矩阵集群，误导人们的思想、行为，重塑社会性的价值观，在一定的时期或长期左右历史，左右人类文明的方向和内容，当然毁灭文明也是能够实现的。

矩阵及其所编程的景观，又汇集成景观矩阵，让人们看到一个既在场又不在场的世界。20世纪60年代，电影、电视和广告等新式媒介纷纷出现,直至90年代互联网的诞生和繁荣。但是这些媒介和庞大网络制造出的景观并没有带来其所承诺的自由、民主和解放,反而成为资本拓展疆界的工具,铸就了更加强大、更有利于世界财富集中到少数人手中的矩阵霸权。如今的区块链与元宇宙也对民众作出了让人炫目的承诺,未来就一定能实现吗?抑或是像过往新媒体一样,呈现出与承诺不一样的结局呢?

比如以区块链为底层技术的加密数字货币,它们的"保护隐私、去中心化与削减中间费用"等美好承诺,近年来却成为权贵洗钱、资本投机、不法分子走私与暗网交易的最佳途径和保护伞。当然,本书并不否认区块链、加密货币等技术本身所具有的重大意义和作用。

这些少数人在掌控更多的权力和财富之后,不排除某些邪恶势力进一步制造出更多、更强大的矩阵的可能。这里需要引入另外两大理论,就是网络上一直盛传由少数精英制定的"喂奶主义"与"娱乐至死"策略(来源于彼得·马丁与哈拉尔特·舒曼1996年合著的《全球化陷阱》一书)。

所谓"喂奶主义",即奶嘴乐战略。部分少数精英认为:世界上会有20%的人搭乘全球化快车一路驰骋,80%的人会被"边缘化"。为了让80%的被边缘者安分守己,让20%的精英高枕无忧,需要采取温情、麻醉、低成本、半满足的办法消除被边缘者的不满。

于是,有人提出奶嘴乐战略,即通过两种娱乐方式实现上述目的。一是发泄型娱乐,比如开放色情产业、暴力或英雄主义影视、鼓励低质量网络游戏和短视频、热闹无比的选战造势、引发民众之间永无休止的口水战等。二是满足型娱乐,比如廉价品牌横行,众多的偶像剧、真人秀与肥皂剧层出不穷,琐碎小事充斥媒体,明星丑闻屡占头条……

这些廉价娱乐和发泄性的精神慰藉,不需要动用太多脑子和精力便可以轻松获得,就像婴儿嘴中的奶嘴,让人们乐不思蜀,进而忘记日常的艰辛和苦难。在占用人们大量时间和精力的同时,让人们逐步丧失独立思考的能力,直至如同婴儿般"弱智"、"可爱"与容易把控,从而让人们在不知不觉中实现"娱乐至死"的目的。

在新媒体环境下，人们处于巨大的数字矩阵和数据监狱之中，少数人编程了这些矩阵，制造了这类监狱，隐性控制了大多数人，虚幻的广告刺激消费，失真的修图软件制造出焦虑，逼真的网络游戏已经让很多人迷失了方向，形成了错误、扭曲的价值观。矩阵霸权使人沉迷于虚假世界而无法自拔，以致将本身的社会存在忘得一干二净。

一方面，在一切智能化和个人数据被彻底搜集、挖掘的时代，即使我们没有完全生活在资本的语境里，各类矩阵与被编程的虚拟景观也成功地统治了所有人。另一方面，在被编程的社会里，"元宇宙"的背后是计算机和数字科技，毫无疑问它会让真实世界和虚拟世界的界限逐渐模糊甚至消失，人们会看到虚拟世界的绚丽多彩。这些虚幻的景观又形成新的景观矩阵。

这些层层叠叠的矩阵，你能保证就不是一个个陷阱吗？在"元宇宙"世界中，人类与赛博之间的关系是什么？虚拟和现实该怎么区分？如何回归真实？如何让真实存续下去？这些都是值得我们深思的问题。

矩阵编程与算法误导

目前来看，关于未来的三维度元宇宙，有人总结出如下几项主要技术性挑战。

1. 在元宇宙里，数字信息的爆发与指数级别的增长，以及在虚实两大世界的交互与信息传输传递过程中所形成的"蝴蝶效应"，将会在人类关系、社会稳定和公共安全中表现得更具挑战性。

2. 虚实两大世界及人、机、物的融合，大大提升了身份与信任管理的复杂性和管理难度，这将对身份管理与信任体系提出严峻挑战。

3. 链接元宇宙的数量庞大的感知节点，对计算能力、资源能耗与通信带宽要求很高。从技术上说，现有密码算法和协议还无法满足未来网络与立体虚拟空间等众多应用的需要。

4. 雾计算[1]模式的动态、异构和海量等特性，必然对身份、行为、环境和数据的有效隐私保护提出重大挑战。

5. 海计算[2]网络终端数量的庞大与类型的多样，以及网络结构的动态自适应，在数据规模和复杂性方面，对现有的安全监测体系都会形成巨大压力和挑战。

所以，元宇宙将现实、生活的各个方面与虚拟世界连接起来，这本身就让人们置身于思想、行为可能被误导、操控的矩阵之中。这是一场新的技术革命，然而，这些技术又很容易被破坏和被利用，这又形成了新的

---

[1] 雾计算（Fog Computing）是云计算（Cloud Computing）的延伸概念。这个因"云"而"雾"的命名源自"雾是更贴近地面的云"这一名句。在该模式中，数据、（数据）处理和应用程序集中在网络边缘的设备中，而不是几乎全部保存在云中。雾计算设备并非由性能强大的服务器组成，而是由性能较弱、更为分散的各类功能计算机组成，渗入工厂、汽车、电器、街灯及人们物质生活中的各类用品。

[2] 海计算（Sea Computing）实质上是把智能推向前端。智能化的前端具有存储、计算和通信能力，能在局部场景空间内的前端之间协同感知和判断决策，对感知事件即时作出响应，具有高度的动态自治性。海计算为用户提供基于互联网的一站式服务，是一种最简单的可依赖的互联网需求交互模式。用户只要通过海计算输入服务需求，系统就能明确识别这种需求，并将该需求分配给最优的应用或内容资源提供商处理，最终返回给用户相匹配的结果。海计算的每个"海水滴"就是全球的每个物体，它们具有智能，能够协助感知互动。亿万种物体组成物联网系统，就如同海水滴形成大海一样。

矩阵。

在网络社会中，我们认为属于自主的愿望、判断和选择，其实往往更多是基于算法的网络信息推送的结果，这种推送就有意或无意加入了矩阵的编程。于是，我们每个人都生活在一个被算法编程与控制的虚拟矩阵之中，而互联网巨头们的算法属于它们的机密。它们在攫取巨额金钱的同时，也在制造无数的矩阵来误导、操控人们的认知。

社交媒体通过选择我们看到的信息来编程矩阵，塑造我们对世界的看法。任何搜索引擎、新闻或社交类App，都是算法利用的矩阵，算法决定我们能看什么，不能够看什么。即使那些不使用社交媒体的人，由于他们都或多或少地生活在这些媒体与网络思维的矩阵之中，所以也会受到大多数使用社交媒体用户的影响。

其中，算法的误导主要有两种情况。

一是算法本身具有的机制，就是让用户看到更多吸引他们的东西，这就会产生"信息茧房"效应。你对某类事情偏好，算法就会投你所好选择性推送，这种偏好与选择性推送不断地叠加，形成叠加矩阵，就会让用户陷入"故步自封"的迷宫，不仅难以再收到全方位的客观信息，而且会变得更加固执己见，进而导致人们认知的撕裂和各种网络与现实的冲突。

二是算法是以流量为导向的。为了追求流量，平台推送内容的原则之一就是要鼓励用户参与，刺激用户作出反应，即使某些内容是有害的，属于制造冲突或充满仇恨的信息，甚至属于鼓励人们朝极端化或分裂化方向狂奔的信息。正是这些刺激性的内容才能引发更多人群的参与和互动，这正是算法所期望的结果。

显而易见，内容越极端或者越绝对，互动交流就会越激烈，引发的争论就会越多，传播的范围就会越广泛，社交媒体公司的利润回报也就会越丰厚，然而这对于个体和社会的健康发展来说都是有害的。由于媒体虚拟网络的快速传播效应，这也放大了算法及其矩阵效能对全社会与个体的危害。

矩阵操纵与安全

元宇宙将增强的虚拟场景与现实生活紧密连接起来，必须依赖强大的物联网才能实现。

一方面，在元宇宙中，用户之所以能够轻松看到或链接到所有虚拟空间中的增强场景，是因为所有用户都必须共享数据，增强对象需要与任何连接的用户交互，并且用户可以立即获取其他用户的信息。另一方面，这就意味着你周围包括家居、办公用品在内的无数设备及它们所在的楼宇和周边的一切环境都需要大量的传感器（当下技术的必然）。否则，你就不可能与虚拟世界及增强了的现实世界紧密联系在一起。

这就出现如下四个方面的技术监控和操纵，很可能会在未来引发虚实两大空间内个人隐私、社会乃至国计民生的巨大安全危机。

一是数量庞大的传感器如同无数跟踪器一样跟踪人们在元宇宙的一切行为，包括与人交流、游览场景、获得的信息和报酬，乃至表情与思想轨迹等。也就是说，元宇宙与现实世界链接的一切物件与设备都成了监控物件和设备，同时交互形成了一个巨大的监控矩阵，实时监控着你的一切。

例如虚拟现实设备制造商Oculus目前推出的四款VR头显，其核心都是"Oculus Insight"，这是一个使用三种类型传感器的AI跟踪系统。

它的跟踪头显，方向及运动控制器的传感器，绘制房间及人体身边环境的四个内置摄像头，以及头显跟踪控制器中的LED，帮助它"以亚毫米级精度实时跟踪你的位置和环境"，所有这些都为Insight提供帮助。Oculus控制器现在包含电容式传感器，可以精确检测手指的运动。Oculus还可以与手机和其他设备集成来进行心率和健身的追踪。

如此高精度的跟踪监控，让人想到美国军方2020年通过卫星定位射杀伊朗陆军军官的一幕。机枪跟踪军官的脸部（人脸识别），无论军官怎么躲闪，甚至由保镖层层围护，一旦露出哪怕十几厘米的空隙，机枪都会紧跟脸部移动而即时发弹将其射杀，而且不会伤害到周围相隔十几厘米的任何人。

二是元宇宙有一个最基本的要求，就是虚拟身份的识别。每个真实的用户都需要一个唯一可识别的类似于IP地址的链接。这意味着虚拟现实的各种装备（包括眼镜、头盔和耳机等）都可用于违背人们意愿的跟踪和定位。比如，脸书新型雷朋智能眼镜包含用于拍摄照片、视频的摄像头和用于接打电话的麦克风。它可以做到对人体面部表情和眼球转动的追踪。

未来不排除人们为了在元宇宙中体验到更加真实的感受，将芯片植入身体。如今，很多宠物都可以通过注射器在皮下注入微小的芯片，以便于主人跟踪宠物的一切行踪，包括心率、体热及其他各种肉体反应的数据，这种芯片在某些电商平台上的卖价不到10元。这是多么可怕的跟踪监控啊！

三是智能眼镜、头显与脑机接口等装备，如今虽然很初级，但是依然可能导致链接虚拟世界与现实世界的设备和系统受到来自虚拟世界的潜在威胁，从周边装有传感器的物件、电器到支撑国计民生的高铁系统、供水系统和电网系统等均在其列。

由于集成技术和系统越多越高级,就意味着安全的漏洞越多越复杂,所以黑客可以利用元宇宙广泛的技术集成来达到攻击目的,诸如窃取个人数据,跟踪、挖掘各类行为数据和未经授权访问受限区域等,甚至借用这些通道对现实世界中的电网系统、城市系统和运输系统等发起有针对性的攻击。

四是计算机病毒的威胁。以往的计算机病毒无论多么厉害,都不会危害到现实世界中的人类生活。但是,一旦平行于现实世界的元宇宙建成,计算机病毒就可能越过现实与虚拟之间的界限进入到真实世界之中,这将让人类面临前所未有的新问题与新挑战。

以第一个被发现的震网(Stuxnet)病毒为例,这是一种恶意计算机蠕虫病毒,最初通过 Microsoft Windows 传播,目标是西门子工业控制系统。震网病毒专门针对可编程逻辑控制器(PLC),例如用于控制机械和工业过程的设备,包括用于分离核材料的气体离心机等。当年还非常低级的震网病毒就破坏了伊朗近 25% 的核离心机，感染了超过20万台计算机，并导致 1000 台机器物理降级到无法使用。

如今，针对现实世界国计民生各类系统的蠕虫病毒越来越多，这些病毒不同于传统的计算机病毒，以篡改、挟持现场设备如PLC等为主要目标，通过更改、伪造PLC寄存器数据对这些系统进行破坏，极大威胁着现实世界中能源、水利和工业等各类系统的安全。

精神鸦片和矩阵阴谋

如今，网络游戏成瘾已经成为危害青少年身心健康的严重的社会问题。2019年，中南大学湘雅二医院精神卫生研究所对3000多名大学生进行了网络成瘾性调查，发现其中超过1/5的大学生存在手机成瘾风险，有20.6%的大学生存在网络成瘾风险，受访大学生群体平均每天使用手机7—9小时，平均每人每天使用手机118次。[①]

例如成都某高校曾经有这样一个大学生，他的作息

---

① 《社交工具还是伤人利器？——大学生沉迷网络游戏调查》，新华网，2019 年 5 月 17 日，http://www.xinhuanet.com/tech/2019-05/17/c_1124505651.htm。

时间表：13：00，起床，吃中饭；14：00，去网吧玩网络游戏；17：00，在网吧叫外卖，吃晚饭；通宵练级，第二天早上9：00回宿舍休息……这位大学生几乎把所有的空余时间都拿来打游戏，并开始拒绝参加同学聚会等活动。大约两个月后，他发现自己的思维跟不上同学的节奏，脑子里想的都是游戏里发生的事，遇到事情会首先用游戏中的规则来考虑。他开始感到不适应现实生活，陷入了深深的焦虑之中。[1]

近十几年来，网络游戏和动漫甚至集合了色情、血腥、恐怖、猎奇和变态等多种异质文化元素，这些本该为未成年人严防死守的东西，在开放的互联网平台上却无孔不入。不少年轻人认为，只有在网络空间看到听到的才是他们感知到的真实世界。例如，17岁少年为偷钱玩游戏，将奶奶当场砍死[2]；印度男孩为玩游戏以绝食抗议，连续玩6小时后猝死[3]；16岁少年沉迷网络游戏，竟

---

[1]《沉迷网络游戏——一个大三学生的作息时间表》，国际在线，2004年1月10日，http://news.cri.cn/gb/41/2004/01/10/115@41565.htm。

[2]《17岁少年为偷钱上网打死奶奶》，凤凰资讯，2008年1月19日，https://news.ifeng.com/society/2/200801/0119_344_370725.shtml。

[3]《印度男孩连续吃鸡6小时猝死，家人呼吁禁此类游戏》，IT之家，2019年6月2日，https://baijiahao.baidu.com/s?id=1635216440586115331。

半夜持刀砍伤母亲，抢走8000元钱；14岁少年因网络游戏入魔产生幻觉，从4楼跌落身亡[①]；等等。

另外，据报道，我国中青年人当前每日平均手机使用时间已达8小时，其中近40%的时间花费在短视频、游戏等娱乐上。据统计，抖音每天被7亿次使用。

所以，世界卫生组织（WHO）已经将"电玩成瘾"（Gaming Disorder）加入第11版《国际疾病分类》的"精神疾病"当中，而其症状包括"无节制沉溺于网络游戏""将电玩放于其他生活兴趣或爱好之前"和"即使有负面效果也持续游玩"等。中国在2008年将网络成瘾归类为精神疾病，并推出了《网络成瘾临床诊断标准》。

网络和游戏成瘾已经成为真正的"电子海洛因"和"精神鸦片"，未来三维立体的元宇宙产生后，强大沉浸感将会让现实与虚拟的场景和界面难以分辨，估计很多人都可能会在这个虚幻矩阵的时空之中"娱乐至死"。

这看起来已经够可怕了，但是，我们认为这还不是

[①] 《人民日报》（海外版）2003年6月7日第8版报道，http://www.1010jiajiao.com/timu3_page_333480。

最坏的事情。这里先介绍两项新兴技术。

一是在《黑客帝国》中,那些觉醒者如要进入虚拟的电脑空间,需要脑机接口之类的连接装置,不过这个已经过时了。美国已经生产出一种被称作磁电纳米颗粒(MENPs)的新型超细单元,通过它可以做到无须电线或植入物就能直接与大脑对话。[①]

人脑中有800亿个神经元,要连接800亿个微电极来访问每个神经元非常困难,由此,研究小组计划将数百万个只有头发丝1/2000粗细的纳米颗粒注射到人体内,这些纳米颗粒可以随血液自由移动,甚至穿过保护性的血脑屏障。这样,大脑就好像变成了一个引导纳米颗粒的电子引擎。

MENPs的特点在于不仅能理解电场语言,还能理解磁场语言。一旦MENPs进入大脑并定位在神经元旁边,就可以用外部磁场刺激它们作出反应而不需要使用电线。这样研究者就可以了解大脑的计算架构,反过来,利用

[①]《脑机接口已经过时了?美国科学家现在可以把磁电纳米颗粒植入脑部》,宇宙与科学,2021年11月19日,https://baijiahao.baidu.com/s?id=1716857419508536542。

这些架构知识将有助于研究者实现神经形态的计算。在这类计算中，计算机将模仿大脑的工作方式，实现磁电纳米颗粒（MENPs）与大脑之间的信息交流。

二是美国国防部高级研究计划局正在开发一种革命性的设备——大脑皮层中的调制解调器。这是一种直接连接到大脑并传输图像而不通过视觉系统（眼睛）的设备，不需要特殊的眼镜或其他类似设备。这是能够在我们的大脑中创建高分辨率视觉表现的设备的更高级版本。通过完全绕过视觉系统并直接到达大脑，皮层调制解调器可以将图像直接显示到视觉皮层中，这会造成这些图像与我们的现实世界视角的重叠。①

也就是说，这项技术可以不通过如今 VR 识别的任何装置，就可以给人体大脑制造虚幻图像。例如你的手掌已经按着一坨狗屎了，但是你的意识图像传给大脑的感受让你眼睛看到的却是柔美的花丛。芬芳的气息让人陶醉，于是你将你的脸深深地埋进了狗屎里。

---

① 《〈细胞〉：绕过眼睛植入幻觉，科学家在盲人脑海中呈现指定图像》，钛媒体 APP，2020 年 5 月 15 日，https://baijiahao.baidu.com/s?id=1666722921379125360。

上述第一项技术磁电纳米颗粒（MENPs）本身就是超微型的传感器，由于它数量庞大，分布于人体的每个组织甚至细胞之中，不仅可以将人体的一切微信号乃至思想传送出去，而且可以通过计算机发送各种信号来控制人的组织、细胞的代谢与反应，彻底掌控人的身体甚至指令身体自毁都是有可能的。或者根本不需要这样费神，这些数量庞大的纳米颗粒为何不可以做成直接或隐形破坏生命体的微型武器呢？

第二项技术可以直接让人的大脑皮层产生错误信号，比如让躯体去跳楼，而大脑可能会产生赴宴的错觉，这是何等危险的事情啊！

如今已经有了"脑联网"的技术，未来的元宇宙必然是应用这类技术的最佳场所。所有玩家的大脑被链接在一起，你的思想、意识都可以被搜集、控制和指挥，那么用一个集体性的指令就可以让数以万计、亿计的"脑联者"产生同样的思想，去做出同样的事情，这是多么可怕的事情啊！

这些对人类肉体的操控和对意识的修改若能实现和

发生的话，那将会引发人类（非少数精英定义的狭隘人类）灾难和严重危机。

矩阵重启与文明冲击

《黑客帝国：矩阵重启》(*The Matrix Resurrections*)电影的海报配文"现在，基于真实事件"，称这部电影是"根据真实事件改编"的。虽然只是个影视广告，但是联系到"矩阵重启"的名字，似乎确实在暗示和揭示某些事实。

现在回过头来，我们简单归纳一下。

互联网第一次给你带来意想不到的好处，同时换走你一些最珍贵的东西，让你变得更加独立、个体化，民众渐渐被沙化；移动互联网将你在一定程度上绑定，换走了你更多珍贵的东西，你在现实世界似乎变得有些孤僻、孤单，民众进一步被沙化；价值互联网绑定了你的财富和自由，换走了你绝大多数珍贵的东西，你在现实世界中变得孤独，有时很无助，民众彻底被沙化。元宇宙很可能会带走你的灵魂，只剩下一文不值的肉体躯壳，你的躯体与意识都被网格化，你的意识在一个看似无限斑斓却身陷囹圄的莫比乌斯环中永无止境地循环与轮回，你已激不起别人对你沙化的兴趣，或许你连孤僻、孤单的闲情和权利都不再拥有。

这或许不是危言耸听，如果民众再不觉醒，不能在享受元宇宙的便利的同时，找到尽可能地降低它的危害的办法，这很可能就是人类文明（非少数精英定义的狭隘文明）的一种可怕结局。

关于沙化，古有"聚沙成塔、积土成山"的说法。行军蚁的个体非常脆弱，但是一旦形成了庞大的军团，则无坚不摧。聚沙、积土与行军蚁这种强大的团结力量是敌人最为害怕的，所以，让个体离开群体是削弱个体的策略，让群体彻底沙化是控制群体的所谓"智慧"。

"群体具有如此强大的力量，何不利用呢？"先将一个巨大的群体分解成无数的小群体，制造小群体之间的矛盾，将一部分小群体拉向敌对的一边，让群体始终立于自毁的"永败之地"……

关于这一点，最厉害的策略就是矩阵操控。矩阵是立体的，是多管齐下的腐蚀与攻击，是高妙的超限战。

未来，随着社会智能化，人工智能大规模运用，绝大多数普通工种将会被机器替代。虽然每个人在世界上都是独一无二的，都可以创造独特的价值，但是这些独特与价值，在某些傲慢、狭隘和自私的顶级精英或帮凶的眼里似乎一文不值。例如网传的著名的"费尔蒙特会议"（引述钱弘道著《英美法讲座》[①]一书，参考何新《1995旧金山费尔蒙特饭店会议——清除地球垃圾人口》[②]一文）。

> 1995年9月27日至10月1日，由美国出资的戈尔巴乔夫基金会，邀集当今世界的500名最重要的政治家、经济界领袖和科学家，其中包括乔治·布什（当时他还不是美国总统）、撒切尔夫人、布莱尔、布热津斯基以及索罗斯、比尔·盖茨、未来学

---

① 钱弘道：《英美法讲座》，清华大学出版社，2004年10月第1版，序言第7页。
② 何新：《1995旧金山费尔蒙特饭店会议——清除地球垃圾人口》，《香港商报》2002年3月29日，http://m.wyzxwk.com/content.php?classid=16&cpage=0&id=163133。

家奈斯比特等大名鼎鼎的全球热点人物，在旧金山费尔蒙特饭店举行高层圆桌会议，讨论关于全球化以及如何引导人类走向21世纪的问题。

他们把未来简化成两个概念："20比80"与"靠喂奶生活"。大体意思是，在21世纪，仅起用全球20%的人，外加1%或2%的丰厚遗产继承人，就足以维持世界经济的繁荣，其余80%的人将被"边缘化"。如何避免冲突以保证这20%人的安全与利益成为未来最大的问题，会议提出两种解决方案：一是"喂奶主义"；二是逐步用高新技术消灭他们。

如果此事为真，那么，这80%的人就是"他们"眼里被"边缘化"的无用人口，未来的元宇宙或许就会变成低端人口和无用人口的一个重要归宿。在这里，一些超级人类恐怖分子，不仅可以很好地实施"喂奶主义"战略，而且在一定条件下还可能实施其他更加极端的计划。

古代大师闭关时，肉身最为脆弱。《黑客帝国》的觉醒者们要进入网络的时候，他们都必先到一个隐蔽而安全的地方去，因为那时的肉身是最脆弱的，会被敌人轻松干掉。

当元宇宙时代来临，当外卖行业与躯体安保行业成为现实世界最大的产业以后，那些创造元宇宙的财团、机构或将凌驾于国家、民族之上，或许会由少数财团、权力拥有者们组建一个联合政府掌管现实世界和虚拟世界。这些财团、权力拥有者联合起来，共同变成了元宇宙与现实世界的"上帝"和"造物主"，他们会轻轻松松地将99%的民众控制，将你的意识卡在元宇宙中的某个矩阵中不停地轮回（如今已经有这种名叫"时间晶体"的技术），而轻轻松松地让你的肉体堕落或被消灭。

如果上述这些事情不幸发生的话，那就不是人类文明（非少数精英定义的狭隘文明）的内卷，而是人类的巨大灾难和文明的终结。

最后，我们回到梅塔公司（脸书更名后的母公司）这个标志，这个稍微变形的莫比乌斯环还有三个奇妙的地方[①]。

---

① 《什么是莫比乌斯指环？莫比乌斯环的诅咒（陷入无限死循环）》，探秘志，https://www.tanmizhi.com/html/4236.html。

一是，莫比乌斯环只存在一个面。

二是，如果沿着莫比乌斯环的中间剪开，将会形成一个比原来的莫比乌斯环空间大一倍的、把纸带的端头扭转了四次再结合的环（并不是莫比乌斯环，编号为环0），而不是形成两个莫比乌斯环或两个其他形式的环。

三是，如果再沿着环0的中间剪开，将会形成两个与环0空间一样的、具有正反两个面的环（编号为环1、环2），且这两个环是相互套在一起的。从此以后再沿着环1和环2以及因沿着环1和环2中间剪开所生成的所有环的中间剪开，都将会形成两个与环0空间一样的、具有正反两个面的环，永无止境。且所生成的所有的环都将套在一起，永远无法分开，永远也不可能与其他的环不发生联系而独立存在。

真是像极了"元宇宙"这个虚拟的立体空间啊！它博大无穷、浩瀚无限，但从数字角度来看却是如此的单调、渺小且容易被操控，不过是一堆数字而已。就像现实世界中无穷无尽的万物,如从微观的角度来看,不过就是一堆原子。这样的无穷与有限,让人们受困其中,永远地奔跑,永远地轮回,一切都没有改变,剩下的就只有耗尽你的一切包括生命……

扎克伯格曾经说过一句话,大意是"元宇宙的第二人生并不是游戏,这里没有游戏任务或挑战,也没有故事情节,就只是一个网络居住空间"①。到头来,或许这样冷冷冰冰如同牢房一样的空间才是事实和真相。扎克伯格或许无意中道出了实情。

该来的一定会来,元宇宙也不例外,它有可能会在不久的未来掀起一场有关人类工作、生活与学习范式转换的巨大革命。如果人们找到了应对和适应它的办法,元宇宙很有可能为人类的文明添颜加色,甚至带来升华。否则,也可能走向反面。所以说,元宇宙是一场革命,但也可能变成陷阱。

写到这里,笔者突然想起电影《楚门的世界》。楚门

---

① 帝都小葫芦:《造访以前的元宇宙:回到过去看未来世界》,腾讯网,2021年11月15日,https://xw.qq.com/cmsid/20211115A0583500。

从小被圈养在一个小岛上,这个岛就是一个摄影棚。他身边的所有人都是假扮的,包括妻子与父母,只有他一个人不知道。他的生活被直播给全球观众。当楚门发现真相并逃出时,导演通过麦克风向楚门喊话,大意是:外面的世界并不比这个人工世界真实多少。

——或许元宇宙并不可怕,最可怕的是我们这个真实世界!

第五章　饕餮盛宴

伴随着国内外多家互联网巨头、科技大鳄相继布局或投资元宇宙，元宇宙这个来自科幻小说中的虚拟概念，已经成为当下资本市场、产业市场及社会舆论的热点话题。有人说元宇宙或将撬动万亿市场，如能成真，那么元宇宙不仅将会成为一场资本的盛宴，而且更会成就一场产业的生态大盛宴。

临界与火爆

元宇宙的产生或许是数字社会发展的必然。

智能终端的普及，电商、短视频和游戏等应用的兴起，半导体基础设施的完善，共享经济的萌芽等，为元宇宙的诞生提供了基础与前奏。如今互联网、通信网络、VR/AR技术的进步让元宇宙的建设成为可能。

特别是构建元宇宙的四大技术支柱"BAND"（Blockchain、Game、Network、Display），即区块链、游戏、网络算力和显示技术均已迎来边际变化，或已达到引爆元宇宙的临界点。同时，伴随着3D、人工智能、大数据与其他数字科技的不断进步，这些技术的综合与成熟度已经到了能够诞生质变性产物的时候。创造各类新兴产业的时机已经到来，其空间不仅越来越广阔，而且市场越来越巨大。

沙盒游戏可能是最接近初期元宇宙的形态，这也成为目前元宇宙概念的第一战场。2020年，沙盒游戏在全球游戏市场份额中成为占比最高的游戏，在112个不同的子类别中，它的市场份额接近7%，遥遥领先于第二名。同时，沙盒游戏占用玩家时长同比增长75%。

在当下全球疫情的持续影响及Z世代YOLO（You Only Live Once）文化兴起的背景下，时代进一步加快了元宇宙到来的步伐。同时，市场也低估了在数字化浪潮下的企业工作方式、个人职业选择的加速变化。在后疫情时期，诸如社会、企业和组织等形式的变化，互联网所提供的更多的自由职业机会，人们线上化习惯的养成，以及Z世代对虚拟世界的沉浸态势等都使得元宇宙成为大势所趋。

根据市场研究机构Newzoo[①]发布的全球游戏市场报告：2021年的游戏玩家数量已经迈过了30亿（接近全球人口的一半）大关，且有望在未来几年迎来持续的增长。从2021年起，有关元宇宙的讨论成为网络的大热点，几乎压过其他所有的科技与产业。2021年8月27日，《失控玩家》在中国内地上映，该片讲述了一个孤独的银行柜员发现自己其实是大型电游的背景人物。该片的上映再次引发了人们对于元宇宙概念的关注。

当然，元宇宙火爆的另一个原因是技术发展扩展了人们的想象边界。从古至今，人们从不缺乏浪漫的想象，比如有人在网络上写下这么一段话[②]：

---

① Newzoo，一家著名的全球数据分析专业机构。
② 侯水然：《元宇宙，风口还是扯淡？》，钛媒体APP，2021年9月7日，https://baijiahao.baidu.com/s?id=17102150591347082 09。

古希腊的游吟诗人抱着琴缓缓讲述英雄故事，《诗三百》浅吟低唱着"参差荇菜"和"窈窕淑女"，话本里的神仙鬼怪和才子佳人，莎士比亚的话剧里，巫婆轻轻搅动为麦克白熬制的毒药……

看来，人类对虚拟世界确实有着很高的需求。

在元宇宙中，通过虚拟空间对现实的映射，人们在真实世界中能够做的所有事，在元宇宙中都可以做。更为重要的是，在元宇宙之中，每个人可以重新设定自己的身份，尝试对其他角色的体验与塑造，比如你是农夫，可尝试白领；你是男人，可以尝试做女人，而没必要像现实社会中那样，在泰国选择"人妖"的人生。换一个空间让你立即梦想成真，转换身份让你具备超能力……人们能够实现瞬间转移、转换等在现实生活中无法做到的事，元宇宙对人们的吸引力可想而知。

上述背景和状况，迎合了产业与资本的需要与发展，引发了众多大资本的关注与介入。显然，元宇宙这么宏大的一个概念和工程应该需要全球资本的联合推动才能有所成效。当然，从数字世界发展的角度来看，元宇宙并非一蹴而就，而是需要一个漫长的建设过程。这正是资本、产业与特定团体等参与者发挥作用并企求实现超额价值的过程，于是各种炒作、投机与鼓吹等现象此起彼伏，喧嚣而来，成为2021年元宇宙火爆的巨大推力。

资本蜂拥与巨头布局

2021年3月10日，元宇宙概念的游戏公司Roblox在纽交所上市，首日股价上涨54.4%，市值超过400亿美元。而在一年前，Roblox的估值仅为40亿美元。Roblox是全球首家将元宇宙概念写进上市招股书的公司，被称为"元宇宙概念第一股"。

就在同年3月底，在线视频游戏平台Rec Room完成新一轮融资，总额达1亿美元，平台估值达12.5亿美元。

同年4月，Epic Games获得10亿美元投资，用来构建元宇宙。而在2020年4月，Epic Games旗下射击游戏《堡垒之夜》，在游戏中为美国嘻哈歌手特拉维斯·斯科特（Travis Scott）举办了一场线上虚拟演唱会，吸引了超过1200万名玩家在线参加，震惊全网。

在国内，2021年3月，移动沙盒平台开发商MetaApp宣布完成1亿美元C轮融资，由海纳亚洲资本（SIG）领投，老股东创世伙伴（CCV）、云九资本、光源资本跟投。这笔融资，也是迄今国内元宇宙赛道上最大规模的单笔融资。

4月20日，号称"中国版Roblox"的游戏引擎研发商代码乾坤获字节跳动近1亿元人民币的战略投资。

5月28日，云游戏技术服务商海马云完成2.8亿元人民币新一轮融资。

8月29日，字节跳动以90亿元人民币收购国内VR行业头部厂商小鸟看看（Pico）。

9月7日，中青宝将推出元宇宙游戏《酿酒大师》的消息一经发布，立刻带动A股市场上宝通科技、佳创视讯等一众元宇宙概念股急速拉升，其中中青宝更是在7日和8日连续收获两个涨停板。

当然，在此之前，世界级商业巨头如英伟达（Nvidia）、Facebook、谷歌、微软、苹果、亚马逊、迪士尼、腾讯等已纷纷向元宇宙进军。

2021年8月11日,在展示图形、图像计算前沿技术的SIGGRAPH大会上,英伟达宣布,全球首个为元宇宙建立提供基础的模拟和协作平台——NVIDIA Omniverse将通过与Blender和Adobe集成来实现大规模扩展,并将向数百万新用户开放。针对这一平台,有人说:"我们正处在元宇宙的风口浪尖上,Omniverse是打造元宇宙重要的组成部分。"

早在2014年,Facebook以20亿美元收购了VR明星公司Oculus,并把全公司1/5人力投入到VR/AR业务研发上。如今已经推出了两代Quest VR头显,还打造出了一个VR社交平台Horizon。近期,Facebook开始公测名为Horizon Workrooms的VR协作工具,为团队提供跨VR、网页端的虚拟空间进行联系和协同工作。用户可以通过Facebook的VR设备Oculus Quest 2进入到一个虚拟会议室里,参与者可以选择站起来,移动到会议室的白板前面,在上面记录下自己的思考,并且可以做出操控键盘、举手和竖大拇指等动作,与真实的会议大体一样,类似一个简单的元宇宙雏形。

从2015年起,苹果就开始布局有关AR和VR的各种专利和技术。2020年5月,苹果收购了估值约1亿美元的直播创业公司NextVR,这是苹果首次在VR内容领域实施的并购事件。另外,在2021年8月,外界传闻苹果收购了VR创企Spaces,这家公司曾开发VR线下体验及VR视频会议平台。

"在元宇宙里,总需要有一款硬件提供交互介质,比如说VR硬件,就像马斯克投身火箭一样,这是在建设通向新世界的关键工具。"[①]脸书总裁如是说。同时他还表示,在未来五年左右的时间里,他们要将脸书从一家社交媒体公司转变为一家元宇宙公司。就在美国东部时间2021年10月28日,脸书正式宣布将公司更名为梅塔(Meta),这为公司揭开了新的篇章,同时,脸书也为元宇宙大门的打开重重地加了一把推力。

2021年5月,微软曾表示自己拥有一系列人工智能

[①] 王雪娇:《元宇宙:用"分身"定义自我的勇敢新世界》,搜狐,2021年8月24日,https://www.sohu.com/a/485311289_121168497。

和混合现实（MR）工具，帮助公司开发"元宇宙应用"，并表示要努力打造"企业元宇宙"。

腾讯被认为是国内最可能成为元宇宙领导者的科技公司。作为国内游戏一哥，腾讯还手握中国最大的社交网络平台——微信，有一定的先发优势。2020年底，腾讯就提出了"全真互联网"的概念，声称他们能够"由实入虚，帮助用户实现更真实的体验"。

"六年前，我们提出，腾讯要做连接器，不仅要把人连接起来，也要把服务与设备连接起来。疫情期间的特殊经历让我们更进一步认识到连接的价值，一切的技术最终都要服务于人。继续深化人与人的连接、服务与服务的连接，让连接创造价值，这是我们不断进化的方向。"马化腾说，"现在，一个令人兴奋的机会正在到来，移动互联网十年的发展，即将迎来下一波升级。"[1]

现在看起来，"全真互联网"与"元宇宙"概念十分类似。近年来，腾讯充分发挥资本优势对外投资，持续

---

[1] 王雪娇：《元宇宙：用"分身"定义自我的勇敢新世界》，搜狐，2021年8月24日，https://www.sohu.com/a/485311289_121168497。

投资元宇宙概念相关的公司和产品，目前已经拥有Epic Games 40%的股份和Snapchat 12%的股份。

其中，Roblox和Epic Games（腾讯占40%的股份）都在腾讯的投资名单上。在Roblox、Epic Games，以及国内的"代码乾坤""迷你玩"这些被认为是最接近全真互联网概念的公司中，腾讯就独揽了3个。目前，腾讯已初步构建起元宇宙的基础生态，朝着他们自己所提出的"全真互联网"时代前进。

除腾讯外，字节跳动也以接近1亿元的资金入股"代码乾坤"；网易也投资了3D社交平台IMVU，专注于利用VR和3D技术创造虚拟世界的"现实社交"。

不仅这些商业巨头将眼光瞄准元宇宙，一些国家也将其纳入国家战略予以考虑，比如韩国政府，近期也提出将对元宇宙的发展进行投资与支持，他们预计到2025年，政府将对元宇宙共投入2800亿美元。

万亿生态

元宇宙是人类科技的大集成，每种科技都链接有众多的产业，这些产业之间交互孪生，便会形成各种各样庞大的产业集群。其生态分布简况大致如图5-1所示。

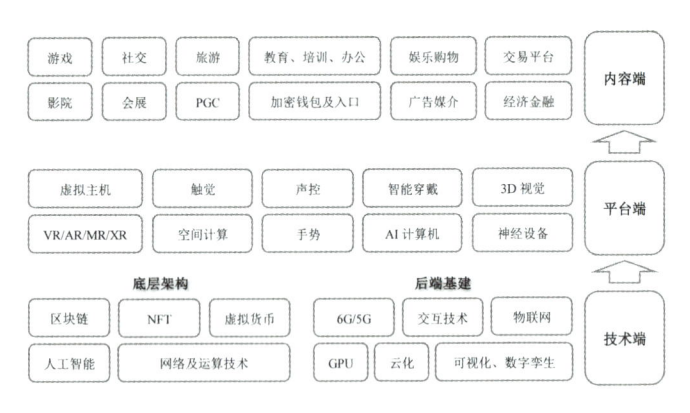

内容端	游戏	社交	旅游	教育、培训、办公	娱乐购物	交易平台
	影院	会展	PGC	加密钱包及入口	广告媒介	经济金融

平台端	虚拟主机	触觉	声控	智能穿戴	3D视觉
	VR/AR/MR/XR	空间计算	手势	AI计算机	神经设备

	底层架构			后端基建		
技术端	区块链	NFT	虚拟货币	6G/5G	交互技术	物联网
	人工智能	网络及运算技术		GPU	云化	可视化、数字孪生

图5-1 元宇宙产业生态分布简况

在技术端，元宇宙主要围绕诸如交互技术、物联网、云计算、GPU、可视化及数字孪生等领域形成后端基建产业群，同时整合区块链、NFT、虚拟货币、人工智能、网络及运算等所涉及的众多产业形成底层架构生态群。

在平台端，元宇宙主要围绕沉浸式产业及其相关软硬件的庞杂领域展开，诸如3D视角、VR/AR/MR/XR、空间计算、神经设备、虚拟主机、智能穿戴及智能的声控、手势和触觉等产业制造出巨大的生态群。

在内容端，元宇宙主要围绕游戏、虚拟人、社交、娱乐、休闲购物、虚拟办公、影院、数字工业、教育培训、数字医疗、交易平台、PGC创作、加密钱包及虚拟经济、金融系统等领域打造新型应用场景。通过多维赋能现存产业领域，推动产业链、价值链、创新链迭代升级，加快商业模式创新与潜在市场培育。

针对娱乐领域，人们可以依托数字虚拟人、数字孪生、扩展现实等技术打造"元宇宙"的虚拟偶像、虚拟场景，构建线上虚拟娱乐世界，打通世界娱乐市场，拓展娱乐项目受众范围。针对医疗领域，人们可以进行虚拟手术前演练、远程会诊、远程手术、虚拟内容理疗等细分领域的拓展。针对办公领域，人们可以通过打造虚拟现实工作空间，实现各地用户远程协作开展内容生产，用户可通过VR等体感穿戴设备访问虚拟办公室，并在虚拟办公空间中展开会议讨论、内容分享等现实工作活动。针对教育领域，人们可以创建"元宇宙"虚拟互动教室，主控端可以通过自由切换授课场景为学生带来身临其境的学习体验，并通过三维互动开展各类课堂实验，极大提升教育的公平性等。

2021年9月，世界互联网大会在乌镇举行，会上发布的《中国互联网发展报告2021》指出，2020年中国数字经济规模达到39.2万亿元，占GDP比重达38.6%，保持9.7%的高位增长速度。同时，该报告还显示，中国数字产业化规模达到7.5万亿元，不断催生新产业新业态新模式，向全球高端产业链迈进；产业数字化进程持续加快，规模达到31.7万亿元，工业、农业、服务业数字化水平不断提升；2020年，中国电子商务交易额达到37.21万亿元，同比增长4.5%；电子商务服务业营业收入规模达到5.45万亿元，同比增长21.9%。[①]

而元宇宙正是数字化产业与数字化经济的集大成者，如果元宇宙能够有效避免本书第四章所谈到的各种陷阱、文明内卷和人为编程矩阵等众多风险，那么，可以想象

---

① 关俏俏、林光耀：《2020年中国数字经济规模达到39.2万亿元》，新华社，2021年9月26日。

未来的元宇宙将会撬动多大的市场并形成多少新兴产业生态集群。

智能产品，特别是数字智能产品几乎都属于技术密集型产品，比如我们随身携带的智能手机，如果放到50年前，要达到现在具有的大部分功能的话，估计各种笨重的设备要占有整整一层大楼的面积。而未来的元宇宙所涉及的内容基本上都是数字化的智能产品，你能想象它能聚集多少现实世界中的产业群吗？我们这里以VR/AR这项产品行业为例，简略了解一下数字智能产品撬动产业生态群的巨大力量。

VR/AR行业的产业链环节和智能手机大体相似，包括硬件、软件、内容制作与分发、应用与服务四个环节，主要区别在于智能手机应用面向个人消费者，VR/AR除个人消费者外，还渗透到各行各业的应用中，因此它在应用环节相对复杂很多，见表5-1。

表5-1　VR/AR行业撬动的产业生态群

硬件环节	可分为终端设备、配套外设及上游核心器件三部分。终端设备分为PC端设备、移动端设备和一体机三种类型。配套外设包括手柄、摄像头（全景摄像头）和体感设备（数据衣、指环、触控板、触/力觉反馈装置等）等。上游核心器件则包括芯片（CPU、GPU、移动SoC等）、传感器（图像、声音、动作捕捉传感器等）、显示屏（LCD、OLED、AMOLED、微显示器等显示屏及其驱动模组）、光学器件（光学镜头、衍射光学元件、影像模组、三维建模模组等）和通信模块（射频芯片、Wi-Fi/蓝牙芯片、NFC芯片等）等。
软件环节	包括支撑软件和软件开发工具包。支撑软件包括UI、OS（安卓、Windows等）和中间件（Conduit、VRWorks等）。软件开发工具包包括SDK和3D引擎。
内容制作与分发	内容制作包括虚拟现实游戏、视频、直播和社交内容的制作。内容分发则是指应用程序平台（商店）。
应用服务	包括制造、教育、旅游、医疗、商贸、娱乐等多领域。

从上面的列表可以看出，看似简单的VR/AR行业连带的产业和细分产业可能多达上百个，背后所涉及的研发、生产、外包与销售等机构、企业与组织数以万计，甚至在全球超过千万都是可能的，可知这是多么宏大的一个生态群落。然而，它只是元宇宙数以百计甚至千计构件中的一项而已。

所以，本书一直怀疑，在疫情四起，全球经济出现断崖式下跌，整个世界可能爆发比过往任何一次都要大得多的经济危机的当下，通过"元宇宙"这个虚拟甚或虚幻的概念和迷人的模式来吸引关注、炒作市场、引诱资本流入，以此来自救并顺带提振世界经济，或许是全球众多财团、经济体有意或无意抱团取暖式的一场"大阴谋"。当然，你也可以称之为"大策略"，其中也可能融入了其他什么目的。

现实与挑战

上面所展望的有关元宇宙万亿级别的产业大生态，毕竟需要很长的时间才能实现，还有很长的路要走，我们还得面对现实。用"梦想很美好，现实很骨感"这句话来描绘元宇宙生态的现状，应该最为恰当。

在2021年12月4日举办的"中国发展高层论坛青年企业家峰会"上，清华大学新闻学院新媒体研究中心团队撰写的《2020—2021年元宇宙发展研究报告》提出：当前，元宇宙产业整体处于"亚健康"状态，至少存在十大风险点，亟待产业和市场回归理性的观点，本书比较认同。

这十大风险点分别是资本操纵、舆论泡沫、伦理制约、垄断张力、产业内卷、算力压力、经济风险、沉迷风险、隐私风险和知识产权保护问题,细分内容见表5-2。

表5-2 元宇宙产业生态系统健康度/风险度评估

自然生态健康度影响因素	产业生态健康度影响因素	元宇宙产业生态系统特征分析
活力	生产力	市场规模小,只有少量领先用户,难以产生大规模经济效益;相关新兴技术的基础研究投入多,但技术成果转化能力不强,即基础创新尚可,落地应用不够;产业成长能力较强,具有一定的发展潜力。
恢复力	稳健性	潜在主导设计相互竞争,不确定性高;核心产品种类少、性能不稳定;缺乏统一的标准系统,潜在标准相互竞争;舆论泡沫仍然存在。
组织结构	组织结构	核心企业尚未明确;配套投入企业数量少,与核心企业处于搜寻—协调过程;中介组织数量少,水平较低。
维持的服务	服务功能	技术、资金、创业等相关支撑要素短缺;政策缺位、监管体系不完善。
对相邻系统的危害	适应性	产品具有独特价值,但价格较高或产品实用性受限,若发展完善,对社会贡献程度较高;对其他产业生态具有促进作用,但也可能对一些传统产业造成冲击;元宇宙发展伴随着大规模数据中心和超算中心的建立,可能会带来能耗问题。

续表

人类健康影响	公平性	公平性理念还要加强，亟须打造公平的竞争环境；元宇宙产业发展必须依赖于产业生态系统中各主体的相互配合与共同支撑，需要构建系统主体之间合理的利益分配机制。

注：表中内容来自《2020—2021年元宇宙发展研究报告》，作者略加整理。

这里概括几点：

一是在产业生态方面，各家巨头之间的竞争态势决定了元宇宙生态相对封闭，这与以经济自治、虚实互通为理想状态的元宇宙生态治理目标相悖。要想完全构建开放和去中心化的元宇宙，仍需克服垄断张力。

二是虚拟币作为海外游戏元宇宙的经济系统支撑，在元宇宙概念炒作加持下，币价也出现持续震荡，其背后存在资本操纵风险。

三是元宇宙对算力资源的更高需求，会产生大量的电力能源消耗。

四是在数据安全方面，在个人隐私数据流动、多主体协作与虚实融合的过程中，引发的数据安全、数据转化边界是否清晰、产权和风险责任确认是否合规等问题。

以上内容特别是数字安全、大资本垄断性矩阵操纵，以及伦理、沉迷与内卷等问题，本书在第四章有详细解读，这里不再赘述。

游戏先行

元宇宙先从游戏或游戏产业开始，这基本上是业界的共识。要理解元宇宙与游戏的关系，我们得先来简单理一理元宇宙与虚拟世界的关系。

在现实生活中，我们往往用"可观测宇宙"来描述我们的真实宇宙，是因为在可观测范围之外的宇宙，我们不知道它是什么，所以，就不再探讨它了。显然，这个"可观测"就是宇宙与人类的一种联系和认可，虽然这种联系非常的薄弱，仅仅是用器械观看或用数学公式推算而已，但是大家认可了。

将上述这种逻辑移植到元宇宙与虚拟宇宙的关系上来，这里将引出如下结论：在元宇宙开启后的一个很长的时期内，元宇宙指的是在虚拟世界中可以与人类相互联系并交换信息的那部分空间或世界。

由此，我们认为，元宇宙就是在"虚拟世界"内的那些与每一个参与主体发生交互的信息本身、交互形式、交互过程及提供这些内容的庞大空间、场所、设施和各类关系的总和。

而"游戏"是现阶段人们对于"虚拟世界"进行认知与交互最直接的载体，也是元宇宙初期最重要甚至主要的形式。正如 Epic Games 平台老总说他们要做元宇宙，是因为驱动游戏的底层引擎 Unreal Engine 是他们的，也有 Epic Games Store 作为交易中心，同时与其他数字化基础设施相契合。如果没有这些游戏硬件，Epic Games 平台的老总应该是不会这样考虑的。

为了让游戏玩家在游戏里找到乐趣，找到自己的价值，一个重要的刺激方式就是激励机制，比如提升装备、过关升级、奖励可兑换武器等道具的虚拟币等。这种激励、兑换关系就是游戏的经济关系。

从广义上来说，游戏、社交网络、电商等被链接到虚拟世界中，按照今天的视角，会带有强烈的游戏特点，人们也往往会有"不就是个虚拟游戏吗？"的感觉。所以,这也是我们说元宇宙最初是以"游戏的方式"开始的原因。

以电商为例,诸如淘宝、京东、亚马逊等电商平台与未来的元宇宙相比,至少有三点不同:一是它们是二维平面的;二是它们联通的虚拟购物与现实世界中的信息非常有限(虽然如今你感觉到的信息交换规模已经非常庞大);三是它们如今的形式只能算最初级的元宇宙的内容,也就是本书第一章所说的二维度元宇宙内容。当然在未来的元宇宙中肯定存在"购物",那时的体验与如今网上购物的体验存在着"天渊之别",甚至在本质上存在差异。而且这种"线上购物"模式所形成的巨大社会经济规模,在未来的元宇宙里也很可能只是非常微小的内容,甚至微不足道。

在数字化领域,游戏也应该算是最接近元宇宙的一种形式。但是,如果我们把元宇宙仅仅看作"游戏",那就太低级了。如今为什么很多人有"把元宇宙仅仅当成游戏"的这种意识呢?可能有两个原因:一是很多人习惯使用当下的概念去理解未来的形态;二是元宇宙的概念才刚刚开始兴起，现实或许限制了人们的想象力。

正如绿洲VR（Oasis VR）首席执行官尹桑所说："元宇宙并不是一款游戏，完全把现实生活中有生产力的社交活动和组织搬到虚拟世界才是真正的元宇宙。"①

游戏距离元宇宙有多远

这里，我们来探究一下如今的游戏距离初级阶段的元宇宙到底有多远。

本书认为，即便是现今最先进的电脑游戏，也仅仅只是满足了元宇宙元素中很微小的一些要求。很多人鼓吹《头号玩家》中的"绿洲"（游戏场景）就代表100%的元宇宙概念，实际上并不是这么回事。这里，我们以元宇宙建设的领军者Roblox提出的关于元宇宙至少满足的八个关键特征来对照简析。这八个特征分别是身份、朋友、沉浸感、低延迟、多元化、随地、经济系统与文明。

---

① 黄泽正：《互联网的尽头是"元宇宙"》，搜狐，2021年5月26日，https://www.sohu.com/a/468626776_524286。

元宇宙的身份和社交条件（朋友），这两方面游戏是可以满足的。玩家可以创建自己想要的角色，完成与其他玩家之间的互动，形成社交关系。

至于元宇宙所要求的沉浸感、低延迟、多元化与随地等要素，属于感官的延伸。我们今天的互联网或者VR/AR与3D电影，已经可以传递感官体验，不过主要还是集中于视觉和听觉上。仅仅依靠这两种感官体验，是无法构筑起元宇宙的，我们还得有触觉、嗅觉和味觉等体验。接近物体却没有触碰感，看到饭菜却不能闻到气味，无论如何你都会觉得很假。

上述四项要求当中，"随地"应该是比较容易达到的。这取决于两方面的要素：一是数字基础设施（这项工程巨大）；二是接入手段，也就是终端设备。只有便宜且好用的接入终端，才能方便用户随时随地接入元宇宙。

沉浸感、低延迟，如果仅仅用于二维平面屏幕的显示需求，以目前的技术来看，勉强可以达到，但是距离完美体验（比如16K以上的720°高清影像、180Hz以上的刷新率、5ms以下的延时）还有很大差距。当然，如果说需要到达如同现实世界或梦境中"身临其境"的三维度立体场景效果,对于如今游戏、VR/AR与3D电影等技术来说,这种差距完全可以说"比天还大"。

多元化,这属于内容创作的范畴,依赖于生态。一旦生态成熟了,又有市场驱动,就会有大量的内容创作者加入,生产内容,制作元宇宙里面的元素,包括玩法、道具、角色、场景等。目前来看,这方面也差得很远。

再来谈谈元宇宙的经济系统。现在的游戏,基本上都有一些经济内容,但是非常简陋。不过,现实世界中真实的经济系统都已经部分实现了数字化,将来移植进元宇宙,貌似也不会太难。

本书认为,这种从真实世界移植进来的经济系统,更多地适应于与现实世界对接的那部分元宇宙内容,比如用于提升你在现实世界中的学习、工作和生活等技能的那部分虚拟内容等。但是,元宇宙的内涵远远不止如此,所以要建立一套与现实世界不同或者彻底超越现实世界的经济系统的话,难度还是非常大的。我们都知道,一个概念要发展,需要源源不断的外部贡献者投入,不过吸引贡献者投入的是丰厚的回报（也包括兴趣、爱好等精神层面的内容），所以元宇宙需要自身的一套经济学作为驱动。不过，关于元宇宙包含一种什么样的经济学原理与体系，还有很长的探索之路。

谈到文明体系，目前的游戏，根本谈不上"文明"二字，最多也就是某些文化。未来，在元宇宙中，虚拟人聚集在一起就会形成部落和群体，那么自然而然就会产生文明。整个文明体系如何定义？比如，其中的社会关系如何定义？是否还需要有夫妻、父子与母子的概念？再比如平权的演化，是从母系到父系再到平权，还是直接自由组合性的平权？等等。这些问题都非常复杂和烦琐，未来在元宇宙中一定会有一个结论，但是可能这个未来离我们还非常遥远。

另外，还有元宇宙的监管体系。元宇宙构建之后是否需要区分国度？是否需要外交？是否像南极一样受国际条约的保护？发生纠纷之后由谁来管？参照大陆法系还是海洋法系？是否需要元宇宙法庭和监狱？使用哪国语言？等等。这些都有待确认和达成一致。

总而言之，游戏可以说是将人们从现实世界带入元宇宙模式的最佳方式，也可算是未来元宇宙的初级形态。仅仅从技术体验方面来看，两者都还存在巨大甚至"天渊之别"的差距，更不用说元宇宙的社会运行、经济系统、哲学形式、意识形态与文明结构了。

元宇宙的形成如同现实人类文明的建设一样，有一个循序渐进的发展过程，不会一夜之间出现与完成，它将会由非常多的公司、组织和个人来共同实现，同时也会由许多独立工具、平台、基础设施、标准和协议来支持其运行。就像20世纪六七十年代刚出现的"互联网"概念，也是经过了产业界和学术界长达几十年的论证和梳理，才逐渐搭建起了一套比较完整的理论解释、行业标准及监管审查制度。

第六章　科技大集成

"科幻小说之父"儒勒·凡尔纳曾说过:"但凡人能想象之事,必有人能将其实现。"[①]这句话强调的重点是技术和人的创造性。在这两个因素中,很多时候"人的创造性"比"技术"更重要。

比如说区块链技术,它所用到的诸如加密算法、P2P[②]动态组网与文件传输、基于密码学的共享账本、共识机制(拜占庭将军问题,即一种分布式场景下的一致性问题)、分布式存储、分布式密钥、智能合约等技术与

---

① 《凡尔纳英文名言》,一句话语录,2020年3月22日,http://www.yiyyy.com/article/post-1075048.html。

② P2P 是 Peer-to-Peer 的简称,又被称为点对点技术,是没有中心服务器、依靠用户群节点进行信息交换的对等式网络。区别于传统的 C/S 中央服务器结构,P2P 网络中每一个用户节点既是客户端又是服务端,能同时作为服务器给其他节点提供服务。

思想，十几年前就已经存在，区块链只是把这些现有技术与数据库巧妙地组合在一起，形成了一种新的数据记录、传递、存储与呈现的方式。如果没有中本聪那一篇开创性的关于比特币的白皮书，所有这些强大的工具，都只能埋藏在学术论文的纸堆里。因为这些工具单独使用，并不能解决问题，只有中本聪出人意料地提出了一个系统性的可供实践的解决方案之后，一切才被点石成金。看来，区块链等很多神奇事件的成功关键还在于人的创意和组合。

海纳百川

如若要建立一个与现实世界对等的虚拟平行宇宙，这样宏大的工程必将用到人类几乎所有的科学与技术。例如沉浸式技术、虚拟现实（含VR/AR/MR/XR）、显示技术、网络技术（如IPFS）、人机交互、3D视觉、移动通信技术（如6G）、区块链、智能合约技术、UGC技术、XFS系统、空间计算、人工智能、大数据、数字孪生、计算机技术、网络及运算（算力）、边缘计算、云计算、空间计算、物联网和电子游戏技术等。

上述这些技术大多存在交叉或重叠,又都各自承担独特的角色和作用。从角色上来说,大数据是庞大的数字性资源,云计算是数字设备,物联网(虚拟世界中的虚拟物体也需要物联)是数字的基础与链接通道,区块链是数字的认证信息和方式,人工智能是数字智能化的魔法师,等等。从作用上来说,例如人机交互,除了将人机关系提升到了三维空间维度之外,还可以创造除视觉、听觉以外的触觉、嗅觉、味觉和直觉,以及更多维度的全新交互体验。

同时,这些技术几乎每一项都由多种过往的子技术、孙技术集成而来。这些技术通过组合形成新的技术或模块,构建起特定的数字基础设施、人机交互机制、空间计算模型、创作者经济(围绕UGC产品与创意)模式、去中心化模型、创新发现机制和沉浸式体验模型等要素,进而打造出包括DeFi、NFT、IPFS存储、XFS系统、DAO治理、智能合约、Web3.0和社交3.0在内的经济系统、数字通证体系、文化社交体系及特有的文明体系。到了这个时候，我们就可以说初级元宇宙基本上形成了。

所以，元宇宙是一次人类科技的大集成，更是人类演进的一次大创意、大冒险和文明大考。

上述技术中，那些由多个或众多技术融合、堆积起来形成一定功能的产品、生态，本书称之为技术模块或技术生态（上述技术几乎都是）。诸如区块链、Web3.0、DeFi、NFT、IPFS网络、XFS系统、DAO治理和社交3.0等技术生态，不仅大多是近几年出现的创新型概念，而且形成了元宇宙中的经济、金融、社交、文化与治理等体系，所以，我们将在本书中专章讲解。而其他技术或技术生态，都与元宇宙密切相关，特别是虚拟现实、人工智能、物联网、大数据、云计算、边缘计算等，都是构建元宇宙基础设施必不可少的重要技术或生态模块，大家应该都很熟悉，这里只针对元宇宙的特点侧重选择一些有特色或创新的内容讲解。

智能天下

在2016年，谷歌的阿尔法狗战胜人类顶尖围棋大师之后，掀起了一场轰轰烈烈的人工智能的热潮。但是，阿尔法狗除了下围棋厉害之外，甚至连将一颗棋子摆上桌面的协调智能都没有，这和石头比人硬、树木比人高是一个道理。也就是说AI的超高智能是单方面的，不是通用的。人们若要在一台机器内同时实现哪怕是一只小甲虫所具有的类别庞杂的"通用"智能，以目前的技术，都是难于登天的事。

但是，人类从来都不缺乏丰富的想象力和创造力，不仅在不同领域开发出了不同的智能，而且提出了诸如混合智能、群体智能、超级智能和云反射弧等创新概念。

所谓混合智能，有两种定义。一种定义是指在解决现实复杂问题的过程中，从基础理论、支撑技术和应用视角上考虑，为了克服单个技术的缺陷而采用不同的混合方式，使用至少一种或多种智能技术及非智能技术，从而获得运行效率更高、知识表达能力和推理能力更强的一个智能系统。这就有点"通用智能"的性质了，在元宇宙乃至现实世界的所有系统性生态中都能用到，这是一种方向。

另一种定义是指将人类和人工智能相互结合起来以实现复杂目标，从而获得优于他们各自单独完成所需的能力和取得的结果，并通过相互学习来不断提高其中一方能力的混合智能。在这一定义下，人们设想了三种模式：第一种是纯粹的人机互动，如深度思维的阿尔法狗。为了训练阿尔法狗玩围棋的能力，人们使用了一种监督学习的方法，这是对人类学习的模拟，通过人类输入来增强机器的智能，这使得阿尔法狗能够随着时间的推移实现超人的本领。这是非常有益处的方向。第二种模式是让人类进化或直接修改人类的生物学结构，以实现更高的智力。这个涉及基因编辑、基因改造和基因合成等技术，很可能出现人将不再是人的结局，这是违背伦理且非常危险的事情。第三种模式就是将人们的思想上传到计算机从而实现实质性的智能放大（这一点后面会讲解）。

所谓超级智能，按照牛津大学哲学家尼克·博斯特罗姆的定义，是指在几乎所有感兴趣的领域中大大超过人类认知能力的任何智力。这个定义就超出了人工智能的范畴。如果仅从人工的角度来看，前文已经谈到，全面超越人的通用人工智能很难甚至几乎不可能实现。但是有人提出另一个设想，就是在目前个人智能的水平上更好地组织人类来构建集体智能。一些科研者提出，人类文明或文明的某些方面正在像一个全球大脑一样运作，其能力远远超过其组成部分，比如说互联网经济。然而，如果这种基于系统的超级智能严重依赖人工组件，有人又说它就不再是基于生物学的超级有机体了，而更有资格归类于人工智能的领域。看看，有趣吧？这样绕了一大圈又回到了原点，即人工智能的概念上来了。

如果仔细分析，这实际上不是回到原点，而是超越了原点。这个有点类似群体智能的概念。所谓群体智能，它来源于人们对以蚂蚁、蜜蜂等为代表的社会性昆虫的群体行为的研究，最早被用在对细胞机器人系统的描述中，它的控制是分布式的，不存在中心，具有自组织[①]的性质。

这就与元宇宙的创建挂上钩了。元宇宙的数字世界就是基于区块链的分布式、去中心化的自组织模式来构造和发展的，例如它的经济系统NFT、金融系统DeFi和治理体系DAO等都是分布式的和去中心化的，人们在其中的UGC产品与创意等都与群体智能紧密地结合起来。这里的内容太丰富了，就不再展开了。

另外，这里还需提到一个概念——云反射弧（Cloud reflex arcs）。这很可能是下一代人工智能的重点。

云反射弧把互联网比喻成大脑，把脑神经的反射及其效能类比成围绕互联网的各类生态之间的反射感应现象，也就是说，云反射弧就是互联网云脑的云神经反射弧。例如，湿度传感器发现空气湿度加大，有下雨迹象，就会通知野外挖掘工人打开防雨设备；汽车传感器发现有盗贼，就会发短信报告给车主；等等。

---

① 自组织是指混沌系统在随机识别时形成耗散结构的过程，主要用于讨论复杂系统，因为一个系统自组织功能越强，其保持和产生新功能的能力也就越强。

云反射弧主要由感受器、效应器和中枢神经（指挥中心）所构成。其中，感受器主要由联网的各类传感终端如摄像头等组成；效应器主要由联网的办公设备、智能制造、智能驾驶、智能医疗和智慧交通等组成；中枢神经是互联网云脑的中枢系统，包括云计算、大数据与人工智能等。另外，边缘计算将加强云反射弧感受器和效应器的智能程度和反应速度。

云反射弧将如此多的技术综合到一块儿，就超越了其中的组件之一——人工智能，变成了系统性的增强人工智能（可以这么理解），所以，人们把云反射弧看成是下一代人工智能的重点。

上述的各类智能将会大量地被运用到未来的元宇宙建设之中。

另外，再谈一下意识上传的话题。如果未来"上传意识"能够实现的话，那么，一些人完全可以将自身的意识从如今的碳基躯体中抽离出来，注射到硅基躯体的"钢铁侠"内，这些数以万计、亿计的新躯体通过互联网的链接后所形成的庞大钢铁军团就可能轻松战胜人类，当然也可以像《黑客帝国》里所描述的那样随意奴役、猎杀人类，并以人类的躯体作为能源的来源。这也是很多科学家一再警告人工智能危险的重要原因之一。

关于这个问题，本书作者在《新未来简史》一书中作过深入探讨，得出的结论是："人工智能'非通用''难破意识'等范式牢笼将会让其长久性地被困限于工具范畴，……'人类被人工智能、算法战胜或替代'等推测几乎成为臆想。"①

但是，当元宇宙的概念被提出来后，笔者开始有些担心了，担心的不是这个结论本身，而是关联因素。由于元宇宙这个数字化的立体世界和概念让数字化领域朝向能量意识领域跃迁性地靠近了几个甚至数十个级别，这种催化作用，将会让人类像"打了鸡血"一样疯狂地寻找"数字"和"意识"这两大领域的链接点。正如本章开始部分所讨论的那样，"人的创造性"很多时候比"技术"本身更重要。加之元宇宙这个超级梦想本身就是训练数字、能量与频率的巨大场所，在多重欲望的推动

---

① 王骥：《新未来简史：区块链、人工智能、大数据陷阱与数字化生活》，电子工业出版社，2018年4月第1版，第3页。

下，人类或许会另辟蹊径去掌控意识。

怎么理解呢？举个例子，古人很早就发明了火药，但是他们并不需要理解火药的内在原理和化学构成，只需知道用硝石、硫黄和木炭按照一定比例配制的方子就行了。再比如有一头怪兽，你要野蛮地控制它，只需挖一个大坑引诱它掉进去，或者向它发射一枚麻醉针就能搞定，并不需要深刻认知怪兽。所以这个另辟的蹊径就是"不需要人类深刻理解意识，只需找到暴力控制意识的一些简单方法就足够了"。如果是这样的话，那人类算不算是在玩火呢？

大物联时空

对于元宇宙这个概念，一千个人就有一千个不同的定义，但是有一点不存在争议，那就是元宇宙一定是现实世界的平行宇宙。这一点基本上是人们的一种共识。实际上，最准确的说法可能是，未来的初级元宇宙是现实世界中的超级物联网世界的平行宇宙，为何这样说呢？这里引用《新未来简史》一书中的解读①：

> 物联网本身就是一个立体的网联空间，与互联网这个平面的网络连接，必然会使很多信息技术的转换和实现存在巨大的难题，且非常烦琐而不直观，如电灯线路和开关、厨房煤气管线和开关如何与互联网通联，无线传感的长距离节点的能源问题，无线信息传送中电磁干扰问题等都很难解决。未来，物联网将凭借超级虚拟网络时空的现有技术让很多事情变得非常简单，从而真正实现"超级物联网空间"，并且还可以将这一超级物联网空间投射到虚拟空间中，形成一个全息的虚拟物联网空间，实体与虚体两个空间对应并交互运作。

上文的"超级虚拟网络时空"指的就是元宇宙。物联网首先是元宇宙建设的基础设施，而元宇宙的各类技术的集成又转过来反哺物联网，同时形成物联网在元宇宙中的投射，这一投射就必然让两者实现平行，进而让物联网变成"超级物联网时空"。所以，很多事情是相辅

---

① 王骥：《新未来简史：区块链、人工智能、大数据陷阱与数字化生活》，电子工业出版社，2018年4月第1版，第191页。

相成的,所谓"赠人玫瑰,手留余香""成己成物",便是这个道理。

为实现上述两大空间的相互投射与平行,这里介绍一种技术模块或生态,那就是数字孪生。所谓数字孪生,就是充分利用物理模型、传感器更新、运行历史等数据,集成多学科、多物理量、多尺度、多概率的仿真过程,在虚拟空间中完成映射,从而反映相对应的实体装备的全生命周期过程。数字孪生是一种超越现实的概念,可以被视为一个或多个重要的、彼此依赖的装备系统的数字映射系统。

物联网的常规定义是:通过射频识别、红外感应器、全球定位系统、激光扫描器等信息传感设备,按约定的协议,把任何物品与互联网相连接,进行信息交换和通信,以实现对物品的智能化识别、定位、跟踪、监控和管理的一种网络。实际上当它与元宇宙对接之后,一切将会发生改变,主要体现在两个方面。

一是元宇宙中的万物不仅是数字化的,而且是智能型的数字连接,比如云反射弧、智慧生态(智慧城市、智慧交通等）与移动通信技术等在元宇宙的整合下作用于物联网，进而会让物联网实现真正的"万物互联"。二是元宇宙已经通过智能合约、NFT和DAO治理等建立起数字化确权与治理体系，反过来会让物联网迅速提升"厘清万事万物"的信息化水准，让物联网变得更加灵敏、生动而丰富。我们来看《新未来简史》一书是怎样用具体案例来解读上述这些改变的[①]：

未来，如还有火车的话，所有铁轨的每一个扣件都早已连接到了物联网并在虚拟空间中形成虚拟实景，如某处发生异常，这些信息将迅速传来并可形成立体的场景影像。人们可以在室内将这些远在数千里之外的问题场景影像拉近到眼前来查看，并能迅速查找到周围最近的维修场所，自动联通维修材料与维修机器人。机器人可以自动登上距离最近的车辆（通过乘车分享模式）前往，或乘坐自动驾驶无人机前往降落，迅速对其维修处理。而这一切过程都可以在某个室内通过虚拟空间交互物联网空

[①] 王骥：《新未来简史：区块链、人工智能、大数据陷阱与数字化生活》，电子工业出版社，2018年4月第1版，第191—192页。

第六章 科技大集成

间，以最能节省资源、时间与线路的方式去完成。

未来到火星上去采矿，先在虚拟空间中对其模拟，然后交付到实体物联网空间中去具体执行。这里的特别之处在于虚拟与实体的交互上，人们坐在地球的室内就可以像上网玩游戏一样实时地指挥七八千万公里之外的挖矿操作，并能将那些立体的、直观的影像直接展示于人们的面前。

当然，随着科技的发展，物联网空间将会不断充实它的内涵，不仅包括地球上的所有人造、自然产生的万物，而且可能逐步将太阳系中的其他行星和物体也纳入进来，形成一个超级巨大的物联网空间。届时虚拟空间的体验将会与实体空间中的体验交互进行，从而创造出人类生存、生活的新模式和新领域。

上述这些案例再一次强调元宇宙必须成为现实世界的平行宇宙的道理，同时也提供了一些具体问题的解决方案。

沉浸与虚拟

从严格意义上来说，虚拟现实技术应该算是沉浸式技术的一个分支，只不过它太重要了，必须独立出来。当然，虚拟现实对于元宇宙更重要，以至于目前很多人还狭隘地将元宇宙理解为"虚拟现实技术+互联网=元宇宙"。

人们比较熟悉虚拟现实VR、增强现实AR、混合现实MR和扩展现实XR，但有一项技术人们可能不太熟悉，那就是影像现实CR（Cinematic Reality）。XR和CR或将成为未来元宇宙中的主打虚拟技术。

扩展现实XR是通过计算机技术和可穿戴设备产生的一个真实与虚拟组合、可人机交互的环境，是AR、VR和MR等多种技术的结合。将这三种视觉交互技术融合，实现虚拟世界与现实世界之间无缝转换的"沉浸感"体验。

而影像现实CR，如今主要应用于影视行业，其核心在于通过光波传导棱镜设计，从多角度将画面直接投射于用户视网膜从而达到欺骗大脑的目的。有别于通过屏幕的投影显示技术，通过这样的技术实现更加真实的影像，直接与视网膜交互，解决了全息透镜（HoloLens）视野太窄或者眩晕等问题。

在初级元宇宙中，透过智能眼镜等装备来实现这项技术，是一种非常好的选择。但是CR本质上只是混合现实MR技术的不同实现方式而已，目的在于通过在虚拟环境中引入现实场景信息，在虚拟世界、现实世界和用户之间搭建起一个交互反馈的信息回路，以增强用户体验的真实感。这种技术达到某种程度后，不仅会模糊现实世界与虚拟世界的界限，而且很可能会让这个界限从人的直观感受中消失掉，它的危险性在于制造假象欺骗大脑，让人被误导进而作出误判。

针对元宇宙，虚拟现实有一种类别的划分可能最贴切，那就是桌面式虚拟现实、沉浸式虚拟现实、增强式虚拟现实和分布式虚拟现实的分类，详见表6-1。

表6-1　与元宇宙黏性较强的虚拟现实分类

桌面式虚拟现实	桌面式虚拟现实系统是应用最为方便灵活的一种虚拟现实系统。实现成本低，应用方便灵活，对硬件设备要求极低。为了增强效果，可以在桌面虚拟现实系统中借助立体投影设备，增大显示屏幕，达到增强沉浸感及多人观看的目的。
沉浸式虚拟现实	沉浸式虚拟现实系统提供了一种完全沉浸的体验，使用户有一种仿佛置身于真实世界之中的感觉。通过采用洞穴式立体显示装置（CAVE系统）或头盔显示器（HMD）等设备，使用户产生一种身临其境、完全投入和沉浸其中的感觉。
增强式虚拟现实	增强式虚拟现实不仅利用虚拟现实技术来模拟现实世界、仿真现实世界，而且要利用它来增强参与者对真实环境的感受，增强在现实中无法或不方便获得的感受。因此，增强现实的应用潜力是相当巨大的。
分布式虚拟现实	在分布式虚拟现实系统中，多个用户可通过网络对同一虚拟现实世界进行观察和操作，以达到协同工作的目的。分布式虚拟现实系统在远程教育、工程技术、建筑、电子商务、交互式娱乐、远程医疗、大规模军事训练等领域都有着极其广泛的应用前景。

其中，沉浸式虚拟现实和分布式虚拟现实是元宇宙首先必须达到的要求，不然就不要谈元宇宙了。

注意，上面介绍的这些虚拟技术有一个共同点，就是通过人的五官、皮肤等众多人体感应器去直观感受、制造虚拟的沉浸式场景。然而有一种想法极其可怕，它希望绕过这些人体感受器，以"直捣黄龙"的方式作用于人的中枢神经（比如说大脑）来制造假象，这就是美国国防部高级研究计划局正在积极开发的大脑皮层调制解调器技术。本书第四章中已有介绍，这里就不再展开。

另外，诸如大数据、通信技术、UGC技术和空间计算等都是元宇宙中极其重要的内容或基础支撑。这些内容大家都比较熟悉，这里只简略地介绍通信技术和UGC技术，其他内容就不再专门讲述了。

通信技术是数字基础设施的重要组成部分，非常重要。这里需要强调的是，移动通信技术中的5G由于具有很多缺陷，可能不足以支撑元宇宙的运行，未来人们需要跳出传统通信技术的逻辑框架，开发一种全新的更安全的通信技术，或许才能全面支撑起元宇宙的建设与运营，我们暂时叫它6G吧，可能与如今大家理解的6G概念不同。

在元宇宙之中，UGC技术和产品的打造是一项重要内容。UGC全称为User-generated Content，中文为用户生产内容。用户将自己原创的内容通过互联网平台进行展示或提供给其他用户。随着移动互联网的发展，网上内容的创作被细分为用户生产内容（UGC）、专业生产内容（PGC/PPC）和职业生产内容（OGC）三种形式。

一个平台（如网站）上的PGC和UGC存在交集，表明部分专业内容生产者既是该平台的用户，往往也以专业身份贡献具有一定水平的高质量内容，如微博平台的意见领袖和科普作者等。

第七章　区块链与元宇宙的擎天石

没有区块链，就没有元宇宙。区块链在元宇宙众多技术中起到底层支撑的关键作用，它是联通现实世界与虚拟世界的桥梁，是实现两大世界价值传递的纽带。

底层技术与支柱

元宇宙是如今技术爆炸时代带来的数字化的新世界，很可能成为人们生活的新方式。在元宇宙的世界里，人们可以真正摆脱地理位置和物理空间的束缚，基于社交和创作方式的数字化去实现自身身份、资产与生活的数字化。未来，无论是娱乐、消费、社交还是工作，都可能与元宇宙相结合。

元宇宙之所以具备可靠的经济系统、虚拟身份及资产、强大的社会性、身临其境的体验与开放的内容创作等特征，是因为它由众多技术诸如区块链、大数据、云计算、人工智能、物联网、边缘计算和VR/AR等作为支撑。这些技术一同构筑起元宇宙的底座。

一方面，无论什么技术，它们之所以能被称为新技术，其中一个很重要的原因就在于它们在某种程度上改变了传统意义上的数据和信息的传输和处理能力。

比如人工智能，实现了真实人体与数字人体之间的联通，不再有机械和人工的感知落差；比如VR/AR，让人们实现了实体世界和虚拟世界之间图像的处理、联通和自由切换，不再有实体世界和虚拟世界的隔阂；比如虚拟货币，实现了与真实货币之间的自由对接，让真实世界和虚拟世界的各类资产交换不再是问题；等等。

另一方面，无论是虚拟世界和现实世界的打通，还是实体资产和数字资产的对接，都是以数据传输的自由流动为前提和基础的。当我们抛开外在的包装和概念，真正站在最纯粹的角度来看待元宇宙的时候，我们就会发现，元宇宙之所以与众不同，就是因为它改变了底层数据的传输能力和处理方式。

所以，从本质上看，元宇宙是实体世界与虚拟世界数据双向流动的一种全新数据实现与传输方式。这种全新的数据实现与传输方式，就是由底层技术带来的深度改变所引发的，而这个底层技术就是区块链技术。

区块链改变了元宇宙内部的流通体系，它将虚拟世界的一切存在数字化，并且将这种虚拟化的存在与现实世界的存在进行了对接。比如，我们看到的数字资产、IP数字化等一系列的新概念都是区块链技术在行业内部进行了深度改变之后才衍生而来的。

同时，从元宇宙的基础架构来说，区块链又是众多技术中最重要的技术支柱。区块链实现的是数据的点对点的传输、数据的加密和不可篡改，以及为了保证这些而形成的一整套的信任机制。

区块链打破了原有互联网的身份区隔，构建起数据护城河的基础设施，提供分散的结算平台和价值传递，通过智能合约等打造经济系统,实现规则的确定和执行机制,保证不同的价值归属和流通,从而实现经济系统的高效和稳定运行。

区块链能够保证用户虚拟资产和虚拟身份的安全,实现元宇宙的价值交换,保证元宇宙系统规则的透明实施。虚拟资产也可被称作原生资产,将主要是以 NFT 为代表的加密资产。

当区块链技术实现了对虚拟世界这一整套体系的由内而外、自上而下的改造之后,我们进入的元宇宙才可能成为真正的全新世界。

未来,区块链的技术将在元宇宙中不断推动实体经济与数字经济的深度融合,从而为元宇宙提供开放、透明和分散性的重要合作机制。

虚实世界的桥梁

如今,当人们随身携带一部能上网、带定位、能导航、能感知的智能手机,当全球用户打开浏览器访问网页，当人们所有的工作和生活数据都存储在云上的时候，我们看到的不再是手机或网页本身，而是移动互联网、浏览器和云计算所承载的各行各业、形形色色的产业生态和人间生活。与最初人们对互联网"仅仅是用来发邮件"等粗浅的认识与描述相比，如今人们的认知可谓已经进步了数万里。

然而，要将这些纷繁复杂的现实生态或生活以虚拟数字的方式映射到互联网上，是很难真正做到——确认与对应的，多数情况是真假难辨，让人有云里雾里的感受。然而，区块链的出现，让我们惊奇地发现，这些浩繁的事项在未来或许都不是问题。这里，我们从两个方面来简析一下区块链的巨大能量。

一方面，元宇宙涉及庞大的数据，在这个虚拟的世界中建立一套通用的数据库是必然的，这将面临三大问题。

一是如何建立一个严谨的数据库，使得该数据库能够存储下海量的信息，同时又能在没有中心化结构的体系中保证数据库的完整性。

二是如何记录并存储下这个严谨的数据库，使得即使参与数据记录的某些节点崩溃，我们仍然能保证整个数据库系统的正常运行与信息完备。

三是如何使这个严谨且完整存储下来的数据库变得可信赖，使得我们可以在互联网无实名背景下成功防止诈骗。

针对这三个核心问题，区块链构建了一整套完整的、连贯的数据库技术，解决这三个问题的技术也成为区块链最核心的三大技术。此外，为了保证区块链技术的可进化性与可扩展性，设计者们还引入了"脚本"的概念来实现数据库的可编程性。

另一方面，在上述三大问题的基础之上，引入"代码与法律"的问题，即怎样实现"虚拟世界中的数字代码具备现实世界中法律的功能"。

在现实中，公司与公司之间的合作，有律师和合同来进行条款约定，有执法机关来保障合同的履行。而在元宇宙的虚拟世界，计算机没有办法开设银行账户，属于不同实体的计算机也没有办法去法院起诉对方，因此在沟通和合作的时候，一定要有一种有效的机制来快速实现共同协作。

如果说互联网的TCP/IP协议是机器与机器之间的通信协议的话，那么，区块链就是机器与机器之间的信任机制和合作协议。对于不需要验证真假的信息传输来说，TCP/IP协议已经足够使用，但是一旦属于不同实体的计算机需要进行自动化的沟通和合作，问题就会变得相当复杂。这时，区块链就可以起到重要的颠覆性作用了。所以，在未来的元宇宙里，"代码即法律"（Code is Law）或将成为必然。

区块链不会像比特币那样，链接无法辨别的匿名账户和价值不定的虚拟资产，它链接的将会是千千万万真实存在的个体和公司实体。上面所承载的资产都将具有现实的价值，并且有对应物，而在这个虚拟的网络（元宇宙中现实世界映射的那部分）上发生的一切，也都会直接作用于现实世界，从而使虚拟世界与现实世界一对一地映射与对接。所以，区块链将会是连接元宇宙这个虚拟世界与现实世界的真正桥梁。

当然,要全面搭建这个桥梁,做到"虚实"两个世界无缝的价值链接与价值传递,需要涉及区块链的众多技术,诸如加密算法、P2P动态组网与文件传输、基于密码学的共享账本、共识机制、分布式存储、分布式密钥和智能合约等,这里就不再一一细讲了。

价值追溯与传递

在未来的元宇宙中,你的智慧与创造将怎样被区块链追溯、记载和核算确认呢?对于这个问题,我们简要从互联网的发展阶段说起。

互联网在最初的时候是以信息传输管道的模式进行设计的。第一代互联网的起点是TCP/IP协议,就是执行一个网络上所有节点统一格式对等传输信息的开放代码,把全球统一市场所需要的自由、平等的基本价值观程序化、协议化和可执行化。互联网消灭了价值低、成本高的中间链条,去中心化地实现了全球信息传递的低成本高效率。但是,TCP/IP协议底层有两个问题。

第一个问题是没有解决互联网信息的信用问题。这样，人们要实现价值交换就需要第三方权威中介机构如银行、清算机构和交易所等来背书。这些地区、国家或全球中心化信用体系存在运营成本高、效率低、易受攻击破坏等问题。例如各国法定货币（以下简称法币）的信用价值不同，支付清算体系也各不兼容，给全球贸易增加了很大成本。

第二个问题是TCP/IP协议底层并不关心在它上面传输的数据有什么差别。对于底层的交换机和路由器来说，一切都是0和1而已。无差别的信息传输，创造了信息复制的便捷通道，也造就了今天信息爆炸的信息社会。互联网虽然解决了信息传播的问题，却带来了信息权属的新问题。我们可以将一篇文章或一首歌曲在几个小时内传遍全球，但是，我们却不能知道该文章或歌曲是通过什么样的路径进行传播的，究竟是谁拥有这篇文章、歌曲的所有权等。

所以，第二代互联网必须突破的是：怎样去中心化并建立全球信用？如何解决信息权属的问题，同时能让价值传递保持低成本高效率进行？

作为第二代互联网代表技术的区块链几乎完美地解决了上述问题。区块链通过类似于"互联网协议"的约定和技术进行价值交换、价值传递。在区块链技术的上层，是人们之间发生的各种交易，这些交易通过区块链网络节点的共同确认便可生效，而不需要通过第三方中介机构的确认，从而做到真正的去中心化，实现从信息互联网到价值互联网的转变。

价值互联网的核心是由区块链构造一个全球性的分布式记账系统，它不仅仅能够记录与金融有关的某些交易，而且几乎可以记录任何有价值的能以代码形式进行表达的事物，比如说共享单车的使用权，你的汽车信号灯状态，某人的出生证明、死亡证明、结婚证、教育程度、财务账目、医疗过程、保险理赔和投票状况等。

在区块链支撑的价值互联网上，你将一个数据发送给另外一个人之后，你自己就不再拥有这个数据的所有权，从而实现利用一个虚拟的系统来传输实际的价值。所以说，互联网实现了信息的传播，而区块链实现了价值的确认与转移。

而第三代互联网,也就是元宇宙雏形(未来应该是元宇宙替代互联网),就是要将包括区块链在内的众多技术集成起来,发挥它们"1+1>2"的裂变效应。

那时,区块链能够对于每一个在元宇宙中代表价值的信息和字节进行产权确认、计量和存储,从而使财富、资产在这个虚拟世界中能够被清晰、准确地追踪、控制和交易。

让游戏变成人生

人们一直把虚拟世界当成游戏和娱乐,而不是当成真正的人生,主要原因可能是:

一是虚拟世界的资产、财富等无法顺畅地在现实中变现或流通。即使你付出全部的精力成为虚拟世界的精英、英雄或大佬,当你摘下装备回到现实的时候,你还是原来的你,依然很窘迫甚至很穷苦,一切根本没有改变。这就像《头号玩家》里的主角一样,他在虚拟世界的"绿洲"里成了超级英雄,而回到现实之中,他照样是一个挣扎在社会边缘的底层民众。

二是在虚拟世界中的你无论多么成功,你的命运也并不掌握在自己的手中,一旦程序运营商改变规则甚至关闭了程序,你的一切都没了。就像《失控玩家》中的游戏开发商老板命令程序员删除游戏主角一样,宏大的虚拟世界瞬间崩溃消失。又如"南柯一梦"的书生,在现实世界连那个仅剩的"梦"也丢失了,他将会怎样呢?这种失落感可能更容易摧毁人的心志。

然而,区块链的出现完美地解决了上述两个问题。

一是区块链技术重新定义了网络中信用的生成方式。在系统中,参与者无须了解其他人的背景资料,也不需要借助第三方机构的担保或保证,区块链技术保障了系统对价值转移的活动进行记录、传输和存储。另外,区块链是一种新型去中心化协议,能安全地存储各类交易数据,信息不可伪造或被篡改,可以自动执行智能合约,无须任何中心化机构的审核。因此,在元宇宙中,各种应用的开发商不可能像现实中的某些行业垄断性团体那样可以随意更改程序规则、删除某些程序，更不可能关闭系统。所以，在这个世界里，无论如何，你的价值都可以被计算和确认，你可以放心地投入你的全部精力和智慧。

二是区块链可以通过智能合约等方式建立一套完善的经济运行体系，让你的虚拟资产可以顺利地和现实财富或资产关联起来。这样，你在虚拟世界中获得成功的同时，也真正做到了改变现实世界中的命运。由此，你便可以在虚拟世界中建立起社交关系，充分发挥你的智慧和创造力，进行知识、技能、资产和财富的积累，实现某些你在现实世界中不能做到甚至难以企及的梦想，进而回馈并重塑你在现实世界中的人生。

所以，区块链让"虚拟世界"这个虚妄的东西从底层上完成了一次特别的进化和升级，从概念上迸发出一种全新的定义。于是，"虚拟世界"变成了不再仅仅是游戏消遣的元宇宙，而且是与现实世界对应的宇宙。

成就平行世界

由于区块链的威力,以游戏形态承载的元宇宙(初期元宇宙模式)发生了本质变化,变成了与现实紧密连接并密切互动的数字化的平行宇宙。其间,NFT以其唯一性和不可替代性,将成为把现实世界事物映射到元宇宙的一种重要媒介,进而让平行宇宙得以践行。NFT是由区块链技术发展而来并在区块链上运行的非同质化代币,我们将在后面章节专门讲述。这里我们暂且关注两点:

一是区块链真正保障了我们可以在元宇宙中进行完整的生活和社会活动,相当于给我们现实世界中的生命延展了长度。

二是这种与现实世界中个体的生活品质、知识积累和财富增长正相关的元宇宙生命,不仅有了长度,而且还有了立体性的经度与纬度,内容会突然变得极度丰富。于是,人们就可以通过元宇宙设置并实现第二重、第三重和第N重人生。就像《盗梦空间》中的场景一样,无数重梦境嵌套，第一重梦境中的几分钟，在下一重梦境中就会变成几个小时，在第三重梦境中更会暴增至数天时间；同时，第一重梦境中的一根线，在下一重梦境中便会扩展成一个平面，在第三重梦境中就会演变成一个巨大的空间；等等。

在这些像俄罗斯套娃一样的多重平行宇宙中，你便有了多重全新的身份、资产、社会关系，这些"人生附加"都会在新的平行宇宙的创造中翻倍，甚至呈现指数级别的增长。所以，佛说：一日月照四天下，覆六欲天、初禅天，为一"小世界"；一千个小世界覆一二禅天，为一"小千世界"；一千个小千世界覆一三禅天，为一"中千世界"；一千个中千世界覆一四禅天，为一"大千世界"。一大千世界有小、中、大三种"千世界"，故称三千大千世界。

如此多的世界，你又怎么辨别与区分呢？这就是区块链技术的巨大作用了。它通过特定的密码算法，以不同哈希值进行区分。

正因为区块链技术的出现，数量庞大的虚拟数字化的东西能够被清晰地划分与分辨，并与现实世界中事物的分辨和划分（这个需要用到物联网）真正链接起来。这样便搭建起虚拟世界和现实世界之间的真正桥梁，于是，元宇宙变成了与现实世界对应且平行的可以被计算被量化的"映射宇宙"。当然，这个现实映射的宇宙仅仅只是元宇宙的一个部分，元宇宙未来应该还有其他更加丰富和广阔的空间。

四种价值与体现

当下，元宇宙还处于雏形阶段，区块链最直接的价值是什么？我们认为，区块链将为元宇宙基础的组织模式、治理模式、经济模式提供必需的技术架构，其价值集中体现在下面四个方面：

一是智能合约部署。由于区块链网络本身的公开透明特性，使得智能合约具有自动化、可编程、公开透明、可验证等卓越特性，从而无须第三方验证平台即可进行链上可信交互。如果将元宇宙中的金融系统构建于区块链之上，那么可以利用智能合约的特性将契约以程序化、非托管、可验证、可追溯和可信任的方式进行去中心化运转，从而大幅减少金融系统中可能存在的寻租、腐败和暗箱操作等有害行为，可广泛应用于元宇宙的金融、社交和游戏等领域。

二是支付清算系统的架构。区块链的基本特征包括不易被篡改、公开透明、P2P支付等。在元宇宙中，经济系统将会成为元宇宙实现大规模持久运行的关键，而区块链技术由于其天然的"去中心化价值流转"特征，将为元宇宙提供与网络虚拟空间无缝契合的支付清算系统。

三是非同质化代币（NFT）的运用。NFT的最大特征在于兼具不可分割性和唯一性，因此非常适合对具有排他性和不可分割性的权益和资产进行标记，并可以实现自由交易和转让。

四是去中心化的落实。以中心化平台为主导的元宇宙商业模式必然导致更大规模的垄断和控制，这是一种比互联网垄断更难以接受的结果，也不利于元宇宙的长期发展。而区块链技术能解决平台的去中心化价值传输与协作问题，解决中心化平台的垄断问题。

以上只是元宇宙初期区块链所发挥的作用。未来，区块链将会从整个运行机制、分配方式、参与程度上对元宇宙进行深度改变。在元宇宙中，包括数字内容创造者、爱好者、游戏开发者、消费者和收藏者在内，这些用户将构成不同类型的社区、组织甚至"国家"，他们将参与到整个数字世界的构建中，他们既是元宇宙的使用者，也是元宇宙的建造师，同时分享元宇宙的所有收益。那时的元宇宙定然充满无限的魅力。

另外，就现状而言，我们看到一些不好的现象：大批区块链玩家涌入元宇宙市场，开始冠冕堂皇地将以往的区块链项目用元宇宙的概念进行包装。

之所以会有这些状况，其中一个很重要的原因就是元宇宙受到资本市场和科技巨头们的追捧，现在概念火爆了，在元宇宙领域聚集了很多的热钱。那些投身到元宇宙领域的人，特别是区块链的玩家们，很多人是冲着钱去的。他们需要将元宇宙概念变成包装自身区块链项目的工具，甚至有人希望在人们还没有搞懂元宇宙内涵与外延的情况下,在元宇宙与区块链之间画上某些重要的等号,通过一定的炒作,收获一定的利益。注意,这里面存在很多误区,这将会把元宇宙变成一个彻头彻尾的概念和噱头。

第八章　万物皆可 NFT 与元宇宙经济

如今，诸如虚拟现实、物联网和人工智能等为元宇宙的建设和运行提供了技术上的保障。然而元宇宙光有技术是不行的，还需要有经济系统的驱动。NFT 具有非同质化独一无二的特性，为元宇宙内的土地、房屋、宠物和个人数据等数字资产的产生、确权、定价和流转等提供了解决方案。这样，NFT 就可以在元宇宙的世界里提供锚定价值，为人们把现实世界中的事物映射到元宇宙提供可靠依据。也就是说，每一个 NFT 都可以与某一个现实事物唯一对应，用户可以真正享受 Web3.0 独有的数字所有权。而基于这种价值锚定，人们就能够在虚拟世界中进行转让、抵押和租赁等各种交易活动。有了这些交易，元宇宙便会运转起来。

以上是一个方面。另一个方面：就目前来说，区块链中的各种要素非常丰富，但是处在初建阶段的元宇宙是难以完全承载区块链这个庞杂技术衍生群的，而区块链也难以全面服务于元宇宙。然而，作为一种技术逻辑，NFT可以将现实世界和元宇宙的一切事物同时链接到区块链的世界，从而打通现实世界、元宇宙和区块链世界这三者之间的通道，实现元宇宙以数字化形态承载现实世界的平行宇宙。这就是NFT最"硬核"的价值所在。

由此可知，NFT不仅为元宇宙的建设和运行提供了重要的技术支持，而且也提供了经济系统的解决方案。

知名数据分析平台GoodData认为，NFT不仅可以应用于游戏、艺术品、收藏品、身份特征、虚拟资产，也将持续衍生至金融、个人数据等领域，从而给我们带来更多数字资产形态和经济系统。所以，NFT正以蓬勃之势迈入现实世界和元宇宙的各个领域，将会成为人们生活的某种必然需求。这里我们从NFT的概念谈起。

概念出炉

NFT，英文全称是 Non-Fungible Token[①]，中文名称为非同质化代币。NFT虽然使用与比特币、以太币和狗狗币等加密货币相同的区块链技术构建，但是它所支持的资产并非金钱，而是艺术品、门票、音乐、房屋和权证等资产。它有两大显著特征：一是不可分割性；二是不可替代性。每一个NFT都拥有独特且唯一的标识，不可两两互换。

怎么理解NFT的不可分割性特征呢？可以从两个方面来讲。

一方面，从概念上来说，与非同质化代币（NFT）相对立的概念就是同质化代币（FT），即Fungible Token。FT就是我们近些年所熟知的加密数字货币，包括比特币、瑞泰币、火币、狗狗币和莱特币等。它们的特点是

---

① Token是指服务端生成的一串字符串，作为客户端进行请求的一个令牌（代币）。当第一次登录后，服务器生成一个Token并将此Token返回给客户端，之后客户端只需带上这个Token前来请求数据即可，无须再次带上用户名和密码。服务端也无须频繁地去数据库查询用户名和密码并进行对比，判断用户名和密码正确与否，再作出相应提示。所以Token的目的是减轻服务器的压力，减少频繁的查询数据库，使服务器更加健壮。

可以随意互换、拆分及整合，是具有统一性的代币。比如说，你手中的一枚狗狗币和我手中的一枚狗狗币，本质上是一模一样的，没有任何区别，而且还可以被分割成0.1枚、0.25枚或0.001枚等，这就是同质化代币。

另一方面，从NFT自身来说，NFT的最小单位为1，不可拆分。这意味着，你的NFT不能与别人的NFT进行直接交换，也不能拆分成0.1个或其他份额，就像演唱会门票一样，不存在半张门票的概念。

怎么理解NFT的不可替代性特征呢？这要涉及区块链技术的作用。通过区块链，NFT可以对不同资产诸如身份、所有权、历史痕迹和转售版税等重要信息进行数据编码和加密保护，这就相当于区块链给每一个NFT都打上了独特的标识，这个标识世界唯一，没有第二个。由于NFT独一无二的属性，所以几乎任何独特的东西，都可以以NFT的形式买卖，这也传达了相关资产的稀缺性。

目前，加密艺术品或集换式卡牌是NFT的重要应用领域。NFT形成了一种数字版权和所有权证书，让数字艺术品可以买卖，人人都可以看到所有权变更和交易详情。除此之外，NFT还应用于众多虚拟商品，有些则以JPEG、PDF这样常见的格式包装。

破鞘而出

NFT的诞生可能来自有关收藏者的心理创意。收藏物的价值主要体现在两个方面：一是标的本身很好，很精美；二是标的独特，不可替代。"独特为贵"往往成为人们收藏器物的一种价值理念。

基于人们这种收藏的价值理念，有人开始思考：能不能将这种"独特为贵"的理念从现实世界搬到虚拟世界中去呢？如今连同质化代币（如比特币）的价格都能被炒到很高，如果搞一些独一无二的数字产品，很可能会带来更高的收益。

于是，2017年，一位名叫迪特尔·雪莉（Dieter Shirley）的人开始在以太坊上实践这一理念。他和他的团队开发了一款被称为加密猫（CryptoKitties）的区块链游戏。在这款游戏中，玩家可以进行加密猫的买卖、收藏，可以繁殖不同品种的虚拟猫。这听上去是不是很土？因为这和很多游戏特别是过往的单机游戏属于类似的玩法和体验，比如说多年前流行的数码宝贝游戏。如果仅是这样的话，这个游戏估计没有多大市场，今天我们也不会谈它。但是，迪特尔·雪莉将"独特为贵"的收藏理念融进了这款游戏，一切就彻底改变了。他是怎么将收藏理念融进去的呢？这要谈到ERC-721协议。

ERC-721协议是依托区块链技术而构建的，在这个协议下发行的NFT能够让任何一只加密猫都成为世界上独一无二的东西，于是，一个游戏小玩具变成了收藏品。很快，加密猫游戏火爆起来，吸引了来自全球各地众多虚拟游戏世界里面的玩家。随后，各种美名、赞扬纷至沓来，该游戏也屡屡冲上当年各大媒体的头条，甚至一只加密猫的价格最高竟然达到1亿元人民币。由于玩家太多太过疯狂，还曾一度让以太坊的网络陷入瘫痪。这是NFT第一次进入大众视野。

回过头来，让我们来看看这个让加密猫"乌鸡变凤凰"的ERC-721协议到底是什么。这里从加密数字货币、ERC和ERC-20协议等方面简单梳理一下。

加密数字货币大致可以分为原生币（Coin）和代币（Token）两大类。前者如比特币、以太币等，它们都拥有自己的区块链。后者如泰达币（USDT）、本体币（ONT）和波场币（TRON）等，它们都依附于现有的区块链。市场上流通的基于以太坊的代币大都遵从ERC-20协议。

在上述ERC-20协议中的ERC，是Ethereum Request for Comments的缩写，代表以太坊开发者提交的协议提案，ERC后面的数字是提案的编号。

打算制定以太坊新标准的开发者可以先创建一个以太坊的改进提案EIP[①]，并对这个提案进行详细描述。经过以太坊公开审议之后，获得广泛认同的提案会被标准化。其中，有些改动会触及区块链共识，比如增加虚拟机操作符等，属于核心层变更；另一些提案则不涉及修改以太坊本身的代码，只是约定俗成的上层协议，它们

---

① EIP，全称 Ethereum Improvement Proposals，即以太坊改进建议，是以太坊开发者社区提出的改进建议，是一系列以编号排定的文件，类似互联网上 IETF 的 RFC。

通常被归类为ERC标准。

ERC-20应该算是这些标准中广为人知的标准了，它诞生于2015年，2017年9月被正式标准化。该协议规定了具有可互换性（Fungible）代币的一组基本接口，包括代币符号、发行量、转账和授权等。所谓可互换性，是指代币之间无差异、同等数量的两笔代币价值相等。交易所里流通的绝大部分代币都是可互换的，一单位的代币无论在哪儿都价值一单位。

与之相对立的则是非互换性（Non-Fungible）的非标准化资产。在以太坊上，这种非标准化资产很长时间内都没有出现过标准协议了，直到2017年9月才出现ERC-721提案，定义了一组常用的接口。

加密猫中的宠物猫就是典型的非互换性资产，它就遵循ERC-721协议。也就是说，每只加密猫都有一个ERC-721代币（Token），而这个Token是唯一且不能重复生成的，好比每个人的基因独一无二一样。而ERC-721 Token的ID就好比加密猫的DNA，所以每只猫都不同，都有各自的特色，加上"辈分"带来的稀缺性等因素，造成市场价格差异巨大。正是唯一性和稀缺性使得加密猫具有收藏价值。

当初，如果加密猫设定遵循ERC-20协议的话，可能这个游戏的一切猫都不值钱了，而且很可能NFT这个改变历史的创新要推迟很长时间才能产生了。看来，重大的转折事件虽然有它的必然性，但是往往是由某些偶然或具体的事情引发的。

ERC-721就是非同质化代币（NFT）的标准接口，它包含了10个操作函数和2个事件函数。非同质化代币就意味着每个Token都是不一样的，都有自己的唯一性和独特价值，当然这也就意味着它们是不可分割的，且同时具有了可追踪性。

与ERC-20相似，ERC-721是一种标准的协议，且能够实现智能合约及外部应用的交易。

ERC-721代表了资产、物品的所有权及相关各种确权记录等的代币化成为可能，于是开辟了一个巨大的市场。比如独一无二的艺术品，虚拟世界中的收藏物品

（如以太坊游戏中各种独特的数字物件），金融交易中的借贷交易记录，以及现实世界中的房屋、贵金属，等等。其中，房屋占据特定空间，不可移动，是具有唯一性的资产。

重要标准与潜力

前面讲了，ERC系列是基于EIP的以太坊优化提案类型之一，主要是面向应用层的标准。其他的EIP类型包括核心层（Core）、网络协议（Networking）、接口（Interface）和元（Meta）等。

在ERC提案中，最流行且被官方正式接受的ERC-20和ERC-721非常重要，前者创造了同质化代币（FT），后者创造了非同质化代币（NFT）。实际上，目前与NFT有关的标准协议很多，诸如ERC-809、ERC-994、ERC-1201、ERC-1948、EIP-2981和ERC-3664等，这里重点介绍ERC-1155和ERC-998。见表8-1。

表8-1　以太坊应用层重要的代币标准

标准	类型	特点	生成处理	简况	推出时间
ERC-20	同质化代币	代币属性相同，可无损互换，可拆分。	一次性只能生成一种代币，一次性只能进行单笔单对象交易，且交易处理需要多次批准。	所有代币单位价值一样且可分割。这类代币都能立即兼容以太坊钱包及支持以太币的钱包，交易所很容易整合这些代币，绝大多数的ICO使用该类代币。	2015年11月
ERC-721	非同质化代币	代币不可互换、不可拆分，属性互不相同。	一次只能生成一种代币，一次性只能进行单笔单对象交易，且交易处理需要多次批准。	代币具有唯一性和独特价值，且不可分割，可追踪。ERC-721代表了资产、物品所有权或记录等的代币化成为可能，开辟了巨大的市场。	2017年底
ERC-1155	介于同质化代币和非同质化代币之间可以相互切换的代币	前二者特点都具有，且二者在一定程度上能够互换。	一次可以生成多种代币资产类别，一次性可以进行多笔多对象交易，交易过程只需一次批准。	在一个智能合约中定义多物品/代币的标准接口，主要服务于区块链游戏中的虚拟道具。	2018年6月17日
ERC-998	可拆解非同质化代币	一个代币可以拥有其他NFT或FT	一次可以生成多种代币类型，一次性可以进行代币所拥有的整个层级及其所属关系的交易，交易过程只需一次批准。	简单来说就是可以包含多个ERC-721和ERC-20形式的代币。	2018年4月15日

ERC-1155可以在一个智能合约中定义多个物品（Token），为解决这个问题提供了新的方案。简单地说，ERC-1155定义的物品将被存储在一个中央智能合约里，只占用极少的空间用来互相区分。这样就节省了重复的代码及相应的费用。

ERC-1155还可以用来把多个物品（Token）合并打包成一个物品（Token包）。比如玩家甲和玩家乙想交易30个物品，如果一个个交易需要进行30次交易，如果将30个物品（Token）打包，只需进行一笔交易后再解包即可，效率和体验就提升了很多。更简单的理解就是，把东西装进一个背包，一次性交易背包中所有的物品。

ERC-1155融合了ERC-20和ERC-721的一些优点，开发者可以很方便地创建海量种类的物品，每个物品可以是ERC-721那样独立的，也可以像ERC-20一样同质化。

ERC-998是由加拿大一位名叫马特·洛克耶（Matt Lockyer）[①]的数字经济专家在2018年4月15日提出的提

[①] 马特·洛克耶，加拿大数字经济专家，在计算机科学方面有较强的学术背景，具备相对独特且深厚的数字经济学理论素养，可以在区块链、数字经济等方面指导企业。

案，引起了不小的反响。

ERC-998名叫可拆解非同质化代币（Composable NFTs，缩写为CNFT）。它的设计可以让任何一个NFT拥有其他NFT或FT。转移CNFT时，就是转移CNFT所拥有的整个层级结构和所属关系。简单来说就是一个ERC-998的物品可以包含多个ERC-721和ERC-20形式的物品。

例如在加密猫的衍生游戏KittyHats中，猫的衣服是ERC-721类型。即使你给自己的某只猫穿上了衣服，在现有的ERC-721体系之下也体现不出来这种从属关系，猫是猫，衣服是衣服。如果发生交易，需要对猫本身和猫的衣服分别做交易。而ERC-998就能解决这一问题，它可以建立一个相应的以ERC-721猫为母Token、以服装为子Token的新代币。如果你现在要卖掉这只猫，先把它们整合成一个整体，这个整体依然是不可分割的，但包含了猫对衣服的所有权关系，然后对这个整体进行交易就可以了。这会极大简化物品转移的处理。

同样，在加密猫的衍生游戏KittyHats中，如果要实现猫的战斗，你得先构建一只ERC-721猫的影子，然后再给这只影子猫加上技能，技能是另外一种ERC-721的物品。而ERC-998就没这个必要，只要构建一个ERC-998的物品，让这个代币既拥有猫的Token，又拥有技能的Token，就一次性搞定了。

另外，EIP-2981对于NFT内容创作者至关重要，它的生效解决了跨平台版税支付不兼容的问题，即提供了一个可选的NFT通用版税支付标准。

应用与价值

万物皆可NFT。目前，NFT的应用及项目内容涵盖了综合交易平台、加密艺术平台、潮玩收藏、游戏、虚拟世界、域名、社交、NFT+DeFi等领域，涉及30多个行业，其中不乏大品牌如耐克、NBA和路易威登等参与其中。与不同领域相结合，将是NFT应用的发展趋势，随后将会有更多应用场景和参与者入驻。具体来说有以下几种应用场景。

一是在知识产权领域的应用。

在这个领域，NFT可以为每一个独一无二的事物进行版权登记，帮助其识别专利，能够起到专利局的作用。NFT可以代表一幅画、一首歌、一项专利、一段影片、一张照片，甚至一个概念、一句名言、名人的一些标志性的行为痕迹等，都可以确权为某种知识产权而成为收藏品。

比如加密朋克（CryptoPunk）这个概念既具有收藏价值又具有视觉艺术性；再比如社交网络Twitter的联合创始人兼CEO杰克·多尔西（Jack Dorsey）的第一条推文（行为痕迹）以NFT形式拍卖，于2021年3月22日以约291万美元的价格卖给了一位马来西亚商人。这条推文写于2006年3月，上面写着"只是设置我的twttr"，如图8-1所示。

图8-1 Twitter前CEO杰克·多尔西的第一条推文NFT，以约291万美元的价格被拍卖。（图片来源：推特截图）

竞拍开始不久，波场（TRON）创始人孙宇晨在2021年3月6日提交了他的第一条要约，他写道："嗨，杰克，我出价50万美元购买你的第一条推文。"几分钟后，他提高了报价："我将报价提高到200万美元。"[①]随后10多天内便发生了争抢。

由于NFT在诞生之初就可以直接上链，所以NFT对专利产权的确权，能够杜绝一切暗箱操作，且链上信息不可篡改，这样会极大地保护原创者的权益，同时省略了传统领域烦琐的申请审批证明流程，还能高效率地解决现实世界中的产权纠纷及盗版问题。

二是在游戏产品上的应用。

游戏是NFT的主要应用场景之一。NFT能够很好地保存玩家在游戏中获得的武器、电源、车辆、角色等物品清单，并能如实地记录玩家在游戏内的状态和成就，进而确保记录不可篡改的无缝转移，保证游戏物品的所有权验证和真实性。

---

① bijiejie：《杰克·多西（Jack Dorsey）的第一条NFT格式推文成交价为300万美元》，币伙计，2021年3月24日，https://www.bihuoji.com/304607.html。

另外，在传统游戏中，很少有游戏允许交易或出售收集物品，但是，NFT 的出现能够很好地解决这一问题。同时，游戏物品也可以经过设计之后跨游戏使用，这样就可以将某个游戏内的资产转移到其他游戏中去，或使其具有一定兑换价值。

三是在 NFT 金融与金融票据中的应用。

在去中心化金融（DeFi）中，NFT 也会提供独有的金融福利，多数情况会包括一些艺术品，但它们的价值来自它们的效用。

例如 BakerySwap（某去中心化金融交易所）的 NFT 食品套餐，为持有者提供额外的质押奖励。通过贡献 BAKE，用户将收到一个 NFT 套餐，对应不同的质押力。用户可以对这些套餐进行投机，在二级市场上出售，或将其用于质押。这种将 NFT 与游戏机制和 DeFi 结合的方式，为 NFT 创造了另一个有趣的用例。

再比如 JustLiquidity（某去中心化金融交易所）提供了一个 NFT 质押模式。用户可以将一对代币质押在一个池子里一段时间，并收到一个NFT以进入下一个池子。NFT就像一张入场券，一旦你参与到新的资金池中，NET就会被销毁。这种模式为这些NFT创造了一个基于它们所提供的访问权限的二级市场。

另外，现实世界中各类金融票据在流通和交易过程中承载大量信息，如果与NFT结合，不仅能够确权，还便于追踪。同时，未来各类NFT资产交易本身就可以形成一个细分的金融市场，这与实体资产是一样的逻辑。

四是在资产和物品上的应用。

将现实世界的资产诸如房屋等不动产、股票和珠宝等与NFT联系起来，可以使资产所有权的证明数字化。

比如在2021年4月，加州房产经纪人尚恩·杜尔杰罗夫（Shane Dulgeroff）创建了一个NFT，代表加州的一处房产出售。它的代币上还附有一件加密艺术品。任何赢得拍卖的人都将获得NFT和房产的所有权。然而，该销售在法律上的确切地位及买方或卖方的权利并不清楚。再比如特斯拉股票在Coinbase、Binance、FTX等交易平台已有1∶1映射代币。

另外,为了让NFT与物品相关联,人们可以把NFT嵌入有物理冷钱包的物品中。随着物联网的发展,我们将可能看到更多的NFT被用来代表现实世界的资产或物品。

不过,该类别的开发仍处于早期阶段,其用例相对较少。但是,这或许是一种趋势。有了NFT,用户完全可以将不限于股票的更多实体资产上链接进行流转,且这些属于完全去中心化的资产。

五是在文档、票务、记录和身份证明上的应用。

NFT独一无二,因此可以用来验证身份、资格、执照和学历证书等,也可以对出生证明、病历和死亡证明之类的文档进行代币化。这些可以用数字形式进行安全保存,而防止被滥用或篡改。

另外,诸如机票、门票、电影票或其他各类票务,都可以用NFT来标记。

六是在供应链和物流方面的应用。

在供应链领域，对于食品和其他易腐烂的货物，知道它们去过哪里并且逗留了多久是很重要的。NFT的不可更改性和透明度特性，能确保供应链数据的真实性和可靠性。

当然，人们可以使用一个NFT来跟踪一个产品，该NFT包含这一产品的来源、旅程和仓库位置的元数据。比如说一套高档西服是由广东某企业生产制造的，它被分配了一个在其包装上可快速扫描的NFT，包括有时间戳的元数据，说明这套西服是何时何地生产的。当产品通过供应链时，NFT被扫描，新的有时间戳的元数据被添加，这些数据可能包括其仓库位置和到达或离开的时间。一旦西服到达最终目的地，商店可以扫描它们并标记为"已收到"，可以查看详细的历史记录，并确认西服的真实性和物流旅程。

不过，所有这些都要求供应链的每个阶段使用相同的数字基础设施。在现实生活中实施这些系统是一个挑战。

上述这些领域与产业一旦NFT化后，就会很容易搬到元宇宙里去。

内容与误区

不是所有在元宇宙创造的NFT内容都是有价值的。我们以NFT艺术品为例，来简要谈谈这个话题。

实际上，NFT艺术品和普通艺术品只是载体不同，除此之外，几乎毫无区别。对于现实中的艺术品来说，它的载体可以是宣纸、丝绸、岩壁、黏土和玉石等，比如岩壁画、玉器等。而NFT艺术品的载体则是一段数据，因NFT的唯一性、不可替代性和可追溯性，解决了之前数字艺术品容易被复制、被盗版等问题，从而实现了数字艺术品的交易和收藏可能。

在现实中，同样是艺术家，有些人的画作可以卖几万元甚至几十万元，有些人的则数百块钱都难卖出去。如果是你儿子学画画时的涂鸦作品，可能别人只会看一眼，那么你儿子的画作就不是艺术品，顶多叫作绘画作品。同样，将你儿子的画作转化成NFT作品，估计也很难卖出去。所以，不是因为载体不同，价值就不同，关键还是要看内容及创作者的知名度和影响力。

比如在2021年3月11日，艺术家Beeple创作的NFT数字画作*Everydays: The First 5000 Days*，在佳士得拍卖行以约6934万美元的成交价刷新了NFT艺术品交易的纪录，震惊了艺术圈。

在元宇宙中，那些开创性的、历史性的和优秀的NFT作品，一定是有价值的，而那些绝大多数普通的、没有多少内涵的NFT作品，可能很难形成交换价值。

在NFT初期，大家出于好奇和炒作，普遍抬高价格是很正常的，当然，鱼目混珠的情况也是存在的。比如，2021年6月23日，支付宝在"蚂蚁链粉丝粒"小程序上限量发售了两款"敦煌飞天""九色鹿"付款码NFT皮肤。这两款皮肤各限量8000份，迅速被抢光。据报道，同年8月29日，NBA球星库里花费18万美元购买"BAYC"系列NFT。BAYC全称为Bored Ape Yacht Club，即无聊猿游艇俱乐部，该俱乐部拥有10,000个与猿猴相关的NFT图片。随着库里的加入，该系列NFT成为近期最火热的NFT项目之一。

在我们看来，上面这两个案例，由于众人跟风，其中多多少少存在一些炒作的成分。甚至一些资料显示，拍卖价格近7000万美元的作品 *Everydays: The First 5000 Days*，也存在炒作嫌疑。

这就像当初加密猫游戏在2017年刚出来时火爆异常，如今也冷清了下来一样。新鲜事刚出现时受人追捧，热度很高，但是终究有降温的时候。所以，面对新事物，人们敏感些很正常，但是，在具体的投资上，还是要多些冷静。

目前，虽然无法准确估计NFT的市场规模，但是NFT未来市场的暴增，应该是大势所趋。不过，数字货币市场在很大程度上是风险和收益并存的，价格上也可能会出现巨大的波动，所以，拿NFT与投资股票等传统主流领域相比，NFT投资的风险可能更大。一个新的领域，必须要在经历不同周期的时间洗礼和沉淀以后，才能慢慢成熟起来，同时也才能确定它的真正价值。

第九章　元宇宙与 DeFi 金融革命

一提起元宇宙，在 DeFi 社区出入的人们可能会说，"元宇宙"一词已经司空见惯，我们早已拥有由区块链技术提供支持的元宇宙，比如 Decentraland 或 Sandbox 等。现在科技和金融巨头热炒"元宇宙"，不外乎想通过区块链技术推出他们的 NFT 系列，并将其加入虚拟现实世界的潮流中来。

由此可见，区块链、DeFi 与 NFT 对于元宇宙有多么重要。

如果说 NFT 是打造元宇宙经济系统的重要因素的话，那么 DeFi 就能为元宇宙提供一套行之有效的金融解决方案。

DeFi 破土而出

DeFi，英文全称 Decentralized Finance，中文意思为去中心化金融。DeFi 是继比特币后数字加密史上的第二次巨大突破。比特币实现了价值存储和转移的初级阶段，而 DeFi 构建了透明化、开放式的金融系统，打开了金融创新的大门，必将改写全球金融的未来。

DeFi 的解决方案不是由银行提供，而是依靠开源软件和不可审查的网络构建的，基于数字货币或者代币（Token）进行的金融行为和服务。所以，DeFi 产品本质上是透明的，对任何能够连接到互联网的人都开放，并使全球各地的人们能够以点对点的方式参与金融活动。DeFi 涉及的内容很宽泛，包括货币发行、货币交易、借贷服务、交易所服务、支付、保险、资产交易、投融资甚至理财等服务。

与传统银行不同，DeFi 通常使用智能合约消除了传统金融涉及的所有中间商和众多烦琐流程层级，也消除了与之相关的所有高昂成本，并将这些收益转移给了最终用户。

尽管有关DeFi的每个项目都在使用诸如去中心化、非托管、开放源代码的金融产品，在代码上运行，理论上可以不受人为干预和供所有互联网使用等模糊不清的时髦术语，但是DeFi的前提很明晰，成长为未来金融系统的重要基础设施必将是大势所趋。

基于区块链去中心化、透明、安全和高效等特点，DeFi从新颖的债务工具到高产行业，不仅分散了现有的投资模式，而且还打造了全新的投资模式。在传统金融模式映射到区块链平台后，DeFi逐渐发展出了自己的金融基础设施——去中心化交易所（DEX）。DeFi不仅能从传统金融系统中剥离成本，而且能为消费者提供更多选择，并为资本市场带来更大的流动性和产品创新，由此，整个DeFi生态朝着多链创新方向飞速前进。

在这种趋势下，各大交易所也都纷纷尝试拥抱DeFi，使得DeFi从2020年下半年开始迎来突破式发展，从上线DeFi类代币交易到搭建自身公链生态系统等不同角度进一步探索NFT+DeFi的融合之路。

围绕着 NFT 收藏品的 NFT+DeFi 金融活动同样属于 DeFi 领域。基于以太坊的 DeFi 服务和产品在当前阶段最为成熟。

在这个新兴的前沿市场，DeFi 将提供更安全的价值存储，并为无法使用任何传统金融系统的全球 17 亿成年人提供银行式服务。

根据 CoinGecko 的数据统计，2021 年上半年 DeFi 总市值最高达到 1500 亿美元，DeFi 中锁定资产最高接近 600 亿美元，DEX 的每日交易量通常超过 20 亿美元，在流动性"100 亿+美元"的借贷平台上的稳定币利用率通常大于 80%。据以太坊链上和 Dune Analytics 的统计数据显示，参与过 DeFi 应用的独立地址数已超过 200 万个[①]，而这只是未来金融的开篇。

未来，在元宇宙一切皆可 NFT 的情况下，DeFi 必将迎来巨大发展，并将与 NFT 一起，成为元宇宙经济、金融系统重要的组成部分。

---

① 《以太坊 DeFi 发展现状：稳定币、DEX 和借贷表现亮眼，交易数字货币》，DeFi 君的区块链宝频道，2021 年 5 月 15 日，https://baijiahao.baidu.com/s?id=1699790591501097000。

两大金融系统

在传统金融系统中,所有金融服务诸如最基本的存取款、结算业务,以及借代、金融衍生品交易等,主要都由中央系统控制和调节。而DeFi则通过分布式开源协议建立一套可访问、包容性强、点对点的具有透明度的金融系统,将信任风险最小化,让参与者轻松、便捷地获得金融服务。这里我们对传统金融、互联网金融和DeFi作了比较,见表9-1。

表9-1　三大金融模式的比较

	DeFi	Fintech	传统金融
货币发行	PoW或PoS	—	中央银行
支付和交易	数字货币+去中心化网络	电子现金+中心化网络	现金
借贷	数字货币借贷平台	互联网金融平台	银行
资产交易	去中心化链上交易所	线上传统交易所	交易所(证券和产权)
投融资	金融产品Token化	股权、债券等平台	银行、投资机构等

说明:表中的Fintech意为金融科技,来自国外,该概念如今在许多互联网金融公司中越来越流行,与国内的"互联网金融"概念有众多重叠,但是比"互联网金融"概念更广泛,还包括众多技术因素如智能机器人、

VR和生物验证技术等融入金融系统的某些内涵。

传统金融与去中心化金融（DeFi）的区别见表9-2。

表9-2　传统金融与去中心化金融（DeFi）的主要区别

	DeFi	传统金融
存续条件	取决于其协议、密码学和智能合约的强度。外部因素的影响会消减到最低。	取决于金融环境、国家政策、国际形势、大型金融机构的实力和权威性。受各种因素影响，崩溃可能性高，一旦崩溃，影响巨大。
申请贷款	整个流程属于完全自动化和去中心化的。	以个人信息作为参考评判标准，给予了最大程度的主观信任，且程序非常烦琐。
信用评级	链上数据，智能合约，易控制。	主观评价严重，手续烦琐，不易控制。

与传统的中心化金融系统相比较，DeFi平台主要具有四大优势：

一是有金融服务需求的任何个人、机构都无须任何金融中介机构的参与，不存在信任与不信任，"代码即法律"提供了去信任的机制。

二是没有任何中央控制系统，一切交易与服务都是去中心化的，任何人都可以访问金融服务的过程与数据。

三是为金融服务设置的所有协议都是开源的，任何人都可以在协议上合作构建新的金融产品,并在网络效应下加速金融创新。

四是比传统金融更便捷、高效,且缩减了数量可观的中介费用和成本。

系统贷款差异

这里需要对去中心化金融系统(DeFi系统)与传统金融系统的贷款流程与风险作进一步的说明,因为这项普遍的业务不论是在现实社会还是在未来虚拟世界的元宇宙中都很重要。

在传统金融系统中,一般以个人信息作为参考评判标准,给予了最大程度的主观信任,如图9-1所示。

在DeFi系统中,借贷流程是建立在区块链与智能合约的底层技术之上,通过去中心化借贷协议匹配借方与贷方,在抵押或质押确认后即时划转资产、完成借贷行为,整个过程完全自动化。同时,借贷协议为平台提供了标准化和互操作性的技术基础,并在贷款过程中起到安全管理的作用。其流程如图9-2所示。

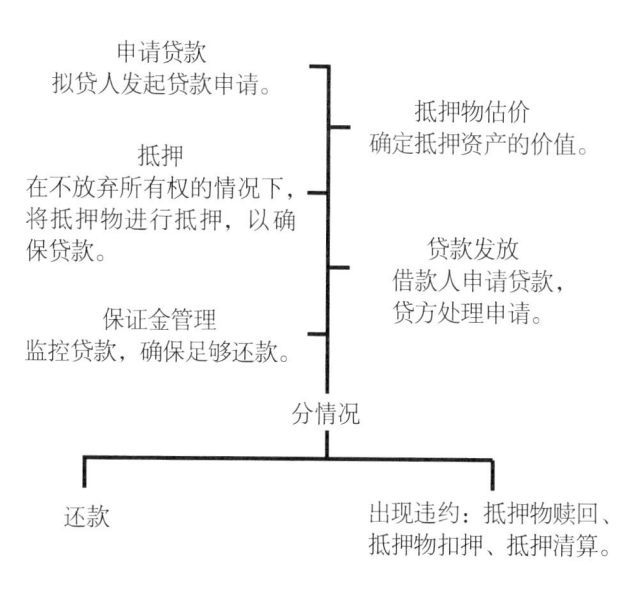

```
申请贷款
拟贷人发起贷款申请。
                        抵押物估价
                        确定抵押资产的价值。
抵押
在不放弃所有权的情况下，
将抵押物进行抵押，以确
保贷款。
                        贷款发放
                        借款人申请贷款，
                        贷方处理申请。
保证金管理
监控贷款，确保足够还款。

                分情况

还款              出现违约：抵押物赎回、
                 抵押物扣押、抵押清算。
```

图 9-1　传统金融系统申请贷款流程

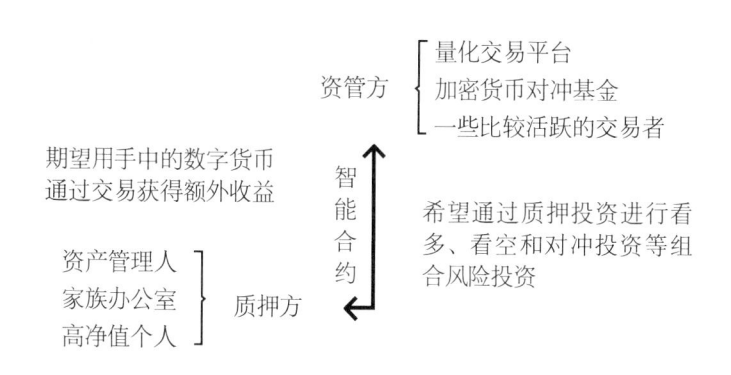

```
                              量化交易平台
                    资管方  ┤ 加密货币对冲基金
                              一些比较活跃的交易者
期望用手中的数字货币
通过交易获得额外收益    智
                        能
                        合    希望通过质押投资进行看
                        约    多、看空和对冲投资等组
资产管理人                    合风险投资
家族办公室  ┤ 质押方
高净值个人
```

图 9-2　DeFi 系统申请贷款流程

第九章　元宇宙与 DeFi 金融革命 | 215

与传统的借贷模式相比，去中心化借贷模式具有以下特点：

一是法币贷款与数字资产贷款相合并，稳定币模式①可以看作法币和数字资产的结合。

二是基于数字资产的抵押。

三是通过自动化实现即时交易结算，并降低实际成本。

四是用超额抵押模式代替信用审查，这也意味着可以服务于更多无法使用传统服务的群体。

DeFi借贷平台常用的"抵押贷款"形式：借款人须将价值高于借款的资产作为抵押品，以保证在无法偿还债务的情况下，贷款人可获得抵押品。

---

① 稳定币是一种发行在区块链上、价格锚定某一主流货币的数字货币，价格波动较小。如我们熟知的 USDT、TUSD 等，它们的价格跟美元是 1∶1 的锚定。对于 MakerDAO 的稳定币 DAI 来说，现在的价格跟美元也是 1∶1 的锚定。

信用评判比较

在传统金融与 DeFi 金融这两种系统中，信用评判的差异是很大的。

传统金融系统中的信用评价体系弊端很多。在依赖主观审查的信任制度下，并没有足够的条件来准确评估复杂环境下庞大人口的信用等级。加之国家及地域政策的限制，公司及个人都无法在全球提供有良好信用或历史的公司和个人借贷渠道。此外，传统金融模式的严格性，催生了高利贷这种不利于市场经济良性循环发展的模式。各种规模的投资者要想成为放贷者，通常的模式就是购买股票类资产。

所以，传统金融下的信用评级不仅手续烦琐，而且主观评价严重，即便是对拟贷款人进行一系列的背景资产调查，其信用等级依然具有极大的不确定性。

同时，传统金融受到经济周期大环境的影响很大。在繁荣周期下的放贷机构忽视风险，疯狂投机，往往会把危险推到极致；而在萧条周期下，放贷机构往往又把审核制度加强到极致，却把最需贷款的人筛查除外。在这两种情况下，传统金融的信用等级评估并不利于把钱借贷给最有需要、最具价值的人。

而DeFi系统的信用评价体系能够搭建一个独立于传统金融系统的全新生态系统，在一定程度上弥补了传统金融的很多不足。

DeFi使用经复杂算法处理的大量实时数据来维持信用评分体系，不仅提高了效率，而且不再需要对借款人进行大量耗时的背景调查，也不再需要对贷款机构进行大量成本高昂的尽职调查。因为，DeFi将资金安全地存储在一个全球分布式账本上，任何人只要有互联网链接，都可以直接查看这个账本。

同时，DeFi支持更有效的信贷市场。对中介机构而言，利差过大不会扭曲利率，它们也不会直接受到央行操作的影响。相反，它们是由算法决定的，这些算法会根据供需情况自动调整利率水平。而且，贷款机构和投资者完全可以使用DeFi将资金委托给经过验证的智能合约。这些钱将被汇总成一个流动资金池，供借款人使用。

另外，DeFi处理抵押物更加灵活。当人们希望使用DeFi协议借款时，可以将自己的资产发布到一个智能合约上。这些资产被指定为人们希望借入的任何资金的抵押品。而且，如果人们无法偿还贷款，协议将自动把抵押品分配给贷款人。

两大系统关系

我们需要正确认识传统金融与DeFi金融的关系。

一是，传统金融系统是经历了人类历史上长时间的共识沉淀而成型的，尽管我们称其为"中心化"，与基于区块链技术的DeFi的"去中心化"对比而挖掘出了它的劣势，但传统金融仍然有诸多优势，不可全盘否定。

二是，虽然传统金融有诸多优势，但是相对于DeFi来说，在很多方面存在效率较低的问题。同时，当用户极度信任中央银行和中介机构时，就会产生许多潜在的风险。而分布式信任机制和去中心化的平台特征迎合了人们的这些需求。

三是，目前去中心化的DeFi金融还有很大的改进空间。尽管DeFi是因传统金融的不足而产生，但正因为有了中心化的机构，DeFi才有用武之地。

四是，DeFi在技术上是对传统金融系统的版本升级，DeFi能减少传统机构业务流程成本。

五是，就目前来说，DeFi还处于辅助传统金融的时期和阶段，DeFi和传统金融的关系是"你中有我，我中有你"。

未来，当元宇宙发展起来并成为现实世界的平行宇宙的时候，去中心化的DeFi或许能够全面替代传统金融系统。

价格预言机

一个成功的DeFi生态系统中，一个非常重要的组成部分就是高度安全的价格预言机（Price Oracles）。预言机是链下（现实世界）服务和链上（区块链）协议之间的桥梁和纽带。预言机检索链下数据，将这些数据发布到区块链上供智能合约使用，并将智能合约中的信息和指令转发给链下的外部系统。

如今，算法稳定币（如DAI、RAI和LQTY等）、任何类型的合成资产、抵押贷款及其他众多类型的项目都依赖于价格预言机。

价格预言机可分为链上链下两种。链下的价格来自链下源，链上的价格来自链上源（如Uniswap等）。此外，价格预言机还可以进一步分为中心化和去中心化的预言机。去中心化预言机的数据由独立运营商验证，中心化预言机的数据由单一运营商验证。

链下或链上预言机有着各自的优点和缺点。链上预言机的主要问题是容易被操纵。2020年2月，币在线（BZX）数字交易所平台在几天内被黑客攻击两次，损失约100万美元；2020年10月26日，另一个数字交易所平台Harvest.Finance项目发生了黑客套利攻击事件，损失超过3380万美元。这个问题使得如今很多协议在其智能合约中开始整合链下或混合价格预言机，以减少预言机被操纵的可能。

在评估价格预言机时,有四种攻击载体需要注意,见表9-3。

表9-3 价格预言机被攻击时需要关注的情况或载体

51%攻击	一个实体或团体如果具备控制大多数节点的能力,就需要高度关注。届时,这部分实体便可以决定哪些价格信息被使用,将哪些数据认作绝对真理等。
镜像攻击	一个预言机节点能否将其数据分享给它所控制的其他节点,需要关注。否则,虚假的信息可以像电话游戏一样轻松传播。
数据篡改	预言机是否从可信的来源接收数据,这个也要注意。因为外部数据提供者可能会发送被操纵的或错误的数据。
活跃度问题	预言机或节点是否能即时向链上推送数据,需要关注。比如,预言机或节点的更新可能会有意或无意地停止,从而对依赖它们的智能合约造成破坏性影响。

在DeFi中,预言机的主要用途与借贷协议的清算有关,一个合格的预言机需要至少满足如下要求。

一是价格预言机应准确反映当前数据;二是来自价格预言机的数据最好是每个区块的数据,并能够即时提供;三是价格要在去中心化且无准入的系统中进行验证;四是价格预言机应能抵抗操纵。

价格预言机除了与借贷协议的清算有关之外,还有其他一些用途。

1. 依靠预言机来决定何时对抵押品不足的贷款清算。比如，某一个用户的抵押品下降到某个阈值以下，该账户就可能被清算。

2. 使用预言机来计算包括期权、期货和合成资产等加密资产的价值。

3. 保险协议在向区块链报告和发布索赔之前，利用预言机来验证索赔。

4. 使用预言机来检索指数成分的价格，用于指数定价。

5. 去中心化地预测市场，依靠预言机进行链下事件的结算，等等。

未来，随着元宇宙的建设和发展，外部系统、物联网设备和其他软件与数字加密协议进一步整合，将外部数据准确传达给区块链网络的需求将获得极大关注，链上和链下数据的准确性越来越重要。各类加密协议或公司也需要根据不同条件，权衡选择特定的解决方案，不同的用例可能需要不同的预言机设计。

稳定币模式

前文提到，元宇宙之所以能与现实世界紧密连接起来，进而成为现实世界的平行宇宙，从经济学角度来说，关键在于出现NFT与去中心化金融（DeFi）在虚拟世界的锚定功能。其中在DeFi系统中，锚定现实世界与虚拟数字世界的一种中介就是稳定币。

稳定币是一种发行在区块链上、价格锚定于某一主流货币之上、能够保持稳定兑换比例的加密货币。这种货币在一段时间内的价格不会有大幅波动，价格相对较为稳定。稳定币包括USDT、TUSD、GUSD、BitUSD、BitCNY等，是区块链技术诞生后才有的一个货币类别。

稳定币的优点主要在于加密领域，在这个领域中稳定币充当了价值尺度的功能，在行情下跌时还能避险。其中我们熟知的USDT、TUSD等，它们的价格跟美元是1∶1的锚定。

目前的稳定币市场主要有三种稳定模式。第一种是单一法币托管的稳定币，第二种是链上数字资产抵押的稳定币，第三种是算法央行。

第一种模式的产生是为了方便全球用户参与加密数字货币的交易。由于很多人没有美元账户，需要一个桥梁，于是产生了USDT这样的稳定币。这个属于监管下的产物。

对于普通用户来说，他只要知道USDT和美元差不多，就可以用自己国家的法币买USDT，参与加密货币的交易。如果加密货币市场发生波动，他就可以将加密货币换成USDT以求财富相对保值。但是有时USDT会发生闪崩，其稳定作用就会消失；另外，如果未来监管放松，允许人们直接用美元或者其他法币入场，那么就不需要这种法币托管模式的桥梁了。所以，USDT模式存在风险。

第二种模式是用户将自己的一些链上资产放进智能合约里面锁起来，然后用户就可以根据数字货币的价值去生成一部分稳定币。这种机制以DAI为代表，不需要法币，直接在区块链系统里面自动生成。其好处在于DAI背后有超额的抵押品，同时DAI的生成成本是1美元,通过市场套利机制使得它的价格始终保持稳定。但是DAI是建立在以太坊上的应用,严重依赖于ETH的价格,一旦ETH不断下跌,超过一定的幅度就会引发DAI的抵押系统资不抵债进而产生连环爆仓风险。

第三种模式是通过控制货币供应量(即印钞或回购的方式)来稳定货币的价格,犹如中央银行的货币稳定机制,故被称为算法央行。这一模式的理论大多来源于费雪方程式,即MV=PY(或PQ、PT、PTM,这里用PY较为合理,Y在这里表示价格)。这一模式存在两大风险。

风险一是来自费雪方程式MV=PY,公式里面的V指的是货币流转速度且恒定,但在实际操作中V的流转速度并不恒定。风险二是来自这个模式的发行机制。算法央行一般会发行稳定币和债券两种代币,当稳定币价格低于1美元时,需要发行债券来回购多余的稳定币。但是,由于债券回购的是未来的稳定币,而这种稳定币背后既没有信用做支撑,更没有资产做担保,故这种稳定币的价值未来可能会归零,所以,此时人们会缺乏购买这种债券的动力。这样便会形成风险。

针对如上三种模式，为了取长补短，于是形成USDN这种新型的算法型稳定币。这种模式有三个方面的好处。

一是稳定币USDN是发行在NGK.IO（区块链公链项目）之上，并形成与NGK（某知名创新数字资产国际站）相辅相成的一套通证。而NGK采用了STO[①]的发行方式，每一枚NGK背后都有现实经济背景。这就为其提供了资产支撑。

二是鼓励用户抵押NGK或者其他数字货币资产来生成USDN，并加入Bancor协议[②]，来解决抵押市场的买卖不匹配问题。完美借鉴DAI的抵押生成机制，"吃掉"NGK一部分资产担保和信用支撑的压力。这就相当于内置USDN的抵押系统。

三是当稳定币需求上升导致其价格大于锚定的美元

---

① STO（Security Token Offering），译为"证券型代币发行"。从名字上看，它与ICO、IFO概念相似，是一种代币发行的方式。STO最显著的特点是所发行的代币具有证券属性，受证券机构（例如美国证监会）与相关证券法律法规的监管。

② Bancor是以太坊的一个项目，是一个货币系统，通过智能合约为数字货币提供持续流动性。Bancor解决了交易量小的数字货币的流动性问题。它不需要第三方机构，也不需要第二方，通过智能合约就能买卖Token。

（E>1）时，就增发稳定币；反之，则销毁稳定币。这就相当于将算法央行的货币供需调控手段写入USDN的算法之内。

所以，USDN这种算法型稳定币，将法币托管的稳定币、数字资产抵押稳定币和算法央行三种稳定币的优势整合起来，进而形成一种有特色的新型稳定币机制。

NFT+DeFi模式

NFT由于具有不可互换的特性，导致绝大多数NFT的流通性很差，而随着DeFi概念的发展，催生了NFT+DeFi模式。NFT+DeFi就是将流动性挖矿的方法移植到NFT领域。目前，典型的代表有MEME、SAND和RARI等。

2021年，数字收藏界的"淘宝"RARI价格出现暴涨，在不到两个月的时间里，从最低0.25美元涨到5.6美元，涨幅高达22.4倍。可见，NFT借助去中心化金融（DeFi）可以释放更多潜力。

当前，绝大多数DeFi借贷协议都需抵押品。有人提出一个很有创意的想法，就是将NFT用作抵押。这样的话，就可以把代表艺术品、数字土地甚至代币化房产的NFT作为抵押品，然后借贷出其他资产。

这创意很不错，但是存在一个问题。在Compound或Aave等标准的DeFi借贷平台上，可以通过集成价格预言机轻松衡量抵押品价值。集成价格来自中心化交易所和去中心化交易所等多种流动性媒介，但当涉及NFT时，特定代币的市场通常缺乏流动性，价格发现过程存在难题。

为了更好地理解这个问题，这里举一个例子。假设有人以15个以太币购买了一只稀有的数字小猫。该NFT后来被用作抵押品，假设15个以太币价值为5000美元，且该特定NFT的贷款价值比（LTV）为50%，则借款人可以贷款2500 DAI（链上数字资产抵押的稳定币）。此后，由于NFT市场缺乏流动性，甚至根本不存在流动性，没有人愿意购买这款特殊的数字小猫。我们唯一可以假设的是，NFT价值仍与上次出售价格相同。当然，这

第九章 元宇宙与DeFi金融革命 | 229

不是一个安全的假设，因为NFT价值可能会发生巨大变化。

这就导致了提供NFT抵押贷款的一些项目选择与点对点贷款略有不同的模式，即借款人可以提供NFT作为抵押品，而放贷方会在放款前决定哪些NFT可以抵押。作为抵押品的NFT保留在代管合同中，若借款人未按时偿还本金和利息，则NFT会转交给放贷方。

除了被用作抵押品，NFT还能用于保险、债券或期权等更复杂的金融产品中。

DEX交易平台

去中心化金融（DeFi）需要去中心化交易平台（DEX）。

DEX，英文全称是Decentralized Exchange，中文译为去中心化交易所。DEX（或DEXs）是一种自治去中心化应用程序（DApp），它是建立在区块链网络上，不将用户资产和个人数据存储在服务器中，无许可、非托管的交易所。使用DEX只需要一个公钥，而用户掌管自己的私钥，不再需要集中的资产托管，天然地解决了中心化的信任问题和安全问题。DEX的完全去中心化、透明度和开放特性，受到一些开发人员和用户的特别喜爱。

DEX于2020年引入自动化做市商（AMM）模式后取得重大突破，流动性问题得到有效改善。未来，随着DeFi生态发展，业务更加多元化，DEX能够实现的业务功能也会随之增加，发展前景更加值得期待。

DEX这种类型的基础设施与集中式交易所完全不同。在集中式交易所中，用户将他们的加密资产交给交易所，交易所充当托管人的角色，本质上为用户在平台上交易发行借据。

DEX产生的原因主要有两点：

一是集中化交易所给投资者带来了重大风险。每年有数十亿美元主要来自比特币和以太坊的资金在复杂的黑客攻击和诈骗中损失，这也引起了监管机构的愤怒，他们现在越来越多地对其进行监管，并在此过程中侵犯用户隐私。比如Coincheck、Mt. Gox和Bitfinex等交易所的安全漏洞,严重侵蚀了公众的信任,仅Coincheck曾经的盗窃案就造成了价值5.3亿美元的加密货币损失,打破了Mt. Gox之前4.72亿美元的纪录。DEX与集中化交易所的比较见表9-4。

表9-4 去中心化交易平台(DEX)与集中化交易平台的比较

	去中心化交易平台(DEX)	集中化交易平台
安全性	很高。用户在平台上自由交易,不需要使用私钥或恢复种子,基本上用户是负责维护其账户安全的人。此外,黑客从个人用户那里窃取资金成本太高、难度太大。	最大的固有风险是黑客入侵。集中化交易所的托管是将用户的资金留在平台上来维持流动性,这是它们通常成为黑客和小偷目标的主要原因。
隐私	由于DEX不由任何中央机构维护,目前没有必要使用KYC协议[①]。这为用户的DEX交易提供了隐私保护。未来政府监管出台,会受到影响。	所有集中化交易所都要求使用KYC协议。这迫使加密货币持有者向交易所运营商提供他们的个人数据。
流动性	流动性严重依赖于活跃在平台上的用户数量,但DeFi已通过DEX利用流动性池解决了问题。	流动性是通过集中化交易与巨大的资本来实现的,所以集中交易的流动性强。

二是2017年数字货币市场及2020年DeFi热潮的推动,使越来越多的用户被吸引到加密货币交易中,促使这些交易所的产生。

未来，随着元宇宙的产生和发展，DeFi金融的爆发是一种趋势。当然，DEX也将水涨船高，迎来爆发。

DEX大体上可分为三种类型：

一是链上订单。即在使用链上订单簿的DEX中，分配了一些网络节点来保存所有订单的记录。它还要求矿商确认每笔交易。使用链上订单簿的知名平台包括BitShares、StellarTerm等交易所。

二是链下订单。与链上订单簿不同，链下订单簿中的交易记录托管在一个集中的实体中。它们利用"中继器"来帮助管理这些订单簿。在这方面，链下订单DEX只是准去中心化的，不像其他类型的DEX。DEX使用链下订单簿的例子有Binance DEX、OXDEX和EtherDelta等。

三是自动化做市商（AMM）。自动化做市商在2020年大受欢迎，在很大程度上推动了DeFi的繁荣，并被Uniswap、SushiSwap和Kyber Network等流行的DEX平台所使用。AMM不需要订单簿。相反，它们利用智能合约形成流动性池，根据某些参数自动执行交易。

DEX因其为数字资产所有者提供的增强隐私、更有效的安全性和更强的用户控制而受到称赞。未来随着DeFi的不断发展，DEX将会克服自身缺点并迎来繁荣。而在当下，在决定使用哪个交易所之前，你还是需要权衡DEX的流动性等问题。

第十章　这样打造新世界

到这里，我们得作一个小小的归纳：区块链与NFT的出现，很好地实现了虚拟物品的资产化及资产确权，并围绕NFT与内容制造等形成了元宇宙的初级经济系统；DeFi与NFT创造了一个产权明确，能容纳多样化资产且透明自主的初级金融系统。而Web3.0是实现元宇宙的重要保障。在Web3.0上，对元宇宙的构建提供重要技术支持的主要是IPFS分布式数据存储（融合XFS存储）、DAO治理（下一章将专门讲述）和社交3.0。基于此，我们开启本章的探讨。

元宇宙是基于Web3.0的升级形态，甚至最终会替代互联网。而Web3.0产生并对应于社交3.0，同时又离不开IPFS、XFS分布式存储。所以，元宇宙的构成需要

IPFS、XFS分布式存储、Web3.0及社交3.0作为重要的底层支撑。

Web3.0、社交3.0与IPFS、XFS到底是什么？它们之间有何关系？它们与区块链有何联系？它们在未来元宇宙的构建中到底起到什么样的作用？将会带来哪些价值？这里从社交3.0谈起。

遥望社交3.0

社交内涵丰富，包含文化、经济、政治、休闲，以及自我实现与价值肯定等。不论是现实世界，还是虚拟世界，凡是有人的地方都离不开社交。

从互联网诞生到现在，线上社交已经出现了社交1.0和社交2.0两种模式。在不久的将来，线上社交很可能发生第三次范式转换，即社交3.0。它们之间的关系简况见表10–1。

表10-1 社交网络三个发展阶段简况

阶段	特点	代表产品
社交1.0	以陌生人社交和娱乐属性为主，真实的社会关系还没有沉淀到互联网上。	ICQ、MSN与QQ等
社交2.0	每个人都以真实的身份进入互联网。	微信、微博、推特、脸书、抖音等
社交3.0	呈现出立体化、沉浸式的特点，线上虚拟空间非常丰富。	元宇宙

社交1.0主要以陌生人社交和娱乐属性为主，真实的社会关系还没有沉淀到互联网上，其典型代表有ICQ[①]和MSN[②]。

社交2.0的主要特点是每个人都以真实的身份进入互联网，最有代表性的就是我们所熟知的脸书、微信等。同时，陌生人社交和娱乐属性的内容和方式在社交1.0的基础上暴增。除此之外，展示类的商品买卖等产业与互联网融合，爆发出前所未有的商业性生态社交关系。如今正处于社交2.0的中后期阶段。

---

① ICQ，一款即时通信软件，由以色列公司Mirabilis于1996年11月16日推出。除了常用的聊天功能，ICQ还提供了文件传输、语音聊天、视频聊天、联系人管理、文件共享等功能。

② MSN，1999年7月微软公司推出的一款即时通信软件，支持文字聊天、语音对话、视频会议等即时交流功能。2009年，MSN在全球拥有3.3亿活跃用户。2014年10月31日，MSN正式退出中国市场。

社交3.0呈现出立体化、沉浸式的特点,线上虚拟空间有着比现实社会更加丰富的3D世界。在这个阶段,社交不仅仅由人与人组成,还包括诸如游戏、视频音乐、虚拟消费品、虚拟房地产、虚拟办公与会议体系等海量的元素。这应该是元宇宙中主要的社交形式。

另外,在社交2.0的当下,两个重要的社交词语出现:"纽带社交"和"阅后即焚"。

所谓"纽带社交",就是社交网络用户会根据共同的爱好、价值取向或情绪等因素而聚集,人们的这些共同点形成一种纽带。纽带社交是一种新的社交形式,为用户提供一个实时的情感、爱好的交流空间,实际上就是物以类聚、人以群分。

当用户输入一句话表达想法时,可以搜索到和自己想法类似的朋友并展开互动,还可以在第一时间收到别人对自己的回应。比如,百度贴吧和豆瓣小组等社区就是遵循这样的基于兴趣和心情的社交方式,但目前的实时性并不高。这种心灵上的共鸣避开了熟人社交中的隐私顾虑,也避开了陌生人社交中的安全顾虑。

这种社交方式必须建立在庞大的用户基数上，如果长时间或多次没有其他用户对自己表达的情绪进行回应，用户的活跃度就会随之下降。

而"阅后即焚"一方面体现了临时信息的珍贵性。在有限制的条件下，使用者会因害怕失去而带来的紧迫感，快速地完成一件事。另一方面，这也符合我们日常交流的习惯。说完就完，不留任何把柄。"阅后即焚"软件之所以在国外迅速发展，是因为它比较符合外国人的使用习惯。他们大多思想开放，热衷于在朋友之间分享一些开放的或故意恶搞的照片。

未来，在元宇宙中，"纽带社交"和"阅后即焚"这两种社交模式或许会更流行，人们不仅分享情感、爱好，还能分享经验和体会等，这类形式会变得非常丰富。

Web3.0 及其核心价值

社交 3.0 是伴随着 Web3.0 的产生而产生的，如果没有 Web3.0 就不可能有社交 3.0。

社交1.0是对应Web2.0的初级阶段的线上社交模式，社交2.0是对应Web2.0中期与后期的线上社交模式，社交3.0对应Web3.0。这里从Web说起。

Web在这里指的是互联网。Web3.0是从Web1.0到Web2.0，然后再升级而来的。我们先简单梳理一下互联网各个阶段的时间和发展简况，见表10-2。

表10-2 互联网发展阶段简况

阶段		时间	流量入口与生态商业模式	代表公司或产品
PC互联网		1969—1993年	从门户到搜索再到社交网络、内容生态。	
Web1.0		1994—2000年	流量入口：门户网站、搜索引擎；内容生态：PGC；商业模式：广告等。	四大门户网站、百度等。
Web2.0	初期	2001—2007年	流量入口：搜索引擎、社交网络；内容生态：UGC、PGC；商业模式：广告、电商、游戏等。	百度、阿里巴巴、腾讯；相关产业如图书、零售等入驻互联网；社交1.0对应有博客、QQ和各类社区等。
	移动互联网	2008年至今	2013年，4G元年；2015年，三大运营商宣布提速降费具体方案，加速移动互联网视频化发展；2019年，5G元年。	产业、商业、金融、教育和办公等全面开始数字化，全面进驻互联网形成庞大的数字经济产业；社交2.0有微信、微博、抖音、推特、脸书等。
Web3.0		即将到来		

接下来，我们从Web1.0谈起。Web1.0属于互联网的初期阶段，它的本质是链接和联合，就是把全世界的大部分人链接到互联网上，联网后就能实现大量的比纸媒快捷无数倍的单向信息发布。在20世纪90年代互联网刚刚全面兴盛的时候，人们打开网页完全是被动地接受一些信息，网站写什么你就看什么。所以，在Web1.0时代，就像只是把报纸、杂志等纸质媒体搬到了屏幕上，你可以随意选择这些媒介内容阅读，但是你与媒体之间、与其他上网的人之间几乎没有互动，或者说互动的成本很高，一切都是死寂的。

Web1.0主要是信息的单向传导，最典型代表是新浪、搜狐、网易等门户网站。

Web2.0成为双向的互联网，用户从Web1.0时代的被动接收信息，变成可以自主发布信息，并与其他用户进行交流，网络变得具象（而在底层特别是技术层面变得抽象）起来，更具有拓展性。人们针对不同的内容或信息展开丰富多彩的互动，诸如点赞、评论，用文字、语音和视频等传递自己的想法和创意。除此之外，人们还可以在互联网上创造自己的作品,如文章、短视频等。

同时,大量的实体和商业入驻互联网,与现实中数以亿计的产品结合起来,这种精准而广泛的线上线下的互动创造了可观的互联网金融、互联网经济与互联网文化。

Web2.0的典型代表有微博、微信、推特、YouTube、喜马拉雅和B站等平台,它让网民更多地参与信息产品的创造、传播和分享,而这个过程是有价值的,还能产生线上线下的互动,典型的有携程、滴滴和美团等应用。

时至今日,人们依然身处Web2.0时代,互联网从固定端发展到固定与移动两端并举,从现实世界进军到数字世界,已经深刻地改变了人们的生活、学习与工作模式。不过,在未来的Web3.0时代,回过头来看现在,你很可能会认为如今的这些改变基本上都是很初级、肤浅或平淡的。

到了Web3.0时代,互联网会变得更加具象和更加抽象。这种对立的属性为何能相容呢?

为了讲清这个问题，我们要从Web2.0和Web3.0的区别谈起，参见表10-3。

表10-3　Web2.0与Web3.0的主要区别

数据存储	Web2.0	存储在中央服务器中	采用中央服务器管理客户信息，用户数据在受广大用户信任的大公司服务器上集中存储和管理。服务器上的数据受防火墙保护，需要系统管理员来管理这些服务器及防火墙。如果有黑客成功入侵或者一些不可抗力因素，很可能造成数据丢失，给客户带来重大损失。
	Web3.0	去中心化，分散式存储	不再有中心化存储的概念，IPFS-FIL分布式的存储是这方面的典型代表。数据经过加密，无法篡改，同时更容易保护个人数据。互联网使用更加快捷、高效、安全。
确权授权与隐私	Web2.0	隐私得不到保障	人们和互联网进行交互，数据都会传送到诸如微信、脸书、天猫等服务供应商的服务器；人们每一次在互联网上的行迹，都会被记录；与互联网连接的手机、智能手表、汽车和家电等，无时无刻不在采集人们的信息与数据。这些数据信息被传送并存储到云端服务器中。所以，人们在互联网上是透明的，隐私得不到有效保护，人们在生活中也会因为个人数据丢失受到影响，如骚扰电话、诈骗和被监控等。
	Web3.0	隐私保障、数据确权与授权	所有数据归用户所有，没有得到用户授权之前，使用者无权使用；使用数据产生的收益用户有权分享，用户可以享受通证经济的福利。同时，人们的隐私得到很好的保护。

续表

信任与平台	Web2.0	依附大平台	依托具有公信力的微信、脸书、天猫等平台，人们咨询、购物和交易等生活、学习与工作变得非常方便，但是，中间商往往从用户处获得巨额的利润空间，而用户不能获得足够的回报。
	Web3.0	不需要大平台，万物互联，网络无处不在	区块链的网络各个节点共同记载发生的所有事件，用户基于分布式网络的共识协议进行交互。可以随时随地为用户提供参考，解决信任难题，不再需要大平台。

非同质化代币（NFT）的潜质项目Loot创始人多姆·霍夫曼（Dom Hofmann）对Web2.0和Web3.0的关键区别进行了非常深刻的思考。他认为，Web2.0其实就像我们所说的热媒介，用户、内容和数据存储在应用之中。这些应用程序在很大程度上是割裂的，而且拥有互相孤立的权限，应用之间访问的程序需要非常孤立地去申请。所以你看到的Web2.0是块状的，然而，每个应用程序又是具象的，比如热闹非凡的微博、微信朋友圈等，都是典型的热媒介。

但是到了Web3.0，每一条数据和内容都列示在开放的空间中，应用程序像颗粒状，应用程序之间可以互相组合权限，其他任意的应用程序也可以互相访问。所以多姆·霍夫曼认为，Web3.0最有价值的是数据和内容的颗粒化。颗粒化就很容易组合和元数据化，同时，颗粒化就代表着抽象化。

Loot创始人的这种看法，我们认为是有道理的。将用户的内容和数据沙化、颗粒化与元数据化，就很容易组合成庞大丰富的各种内容和形式。这有点像化学元素周期表中铁元素、氧元素和硅元素分别对应的铁原子、氧原子和硅原子等，它们的类别是有限的，但是它们之间通过链接和组合所形成的世间万物却是丰富无限的。

原子是组成分子和凝聚态物质的基本单位，是抽象的；但是，原子构成的万物却呈现出千姿百态，又是具象的。由此类推到Web3.0，我们的结论是：

从底层或技术层面来说，Web3.0会变得越来越抽象；从这种抽象产生的改变人们生活模式和内容的实际效果上看，Web3.0则变得更加具象化了。

所以，Web3.0更加需要每个受众高度参与，所有的应用都是相互链接和组合的（而不像Web2.0中的各种应用，绝大多数或者说几乎都是独立的）。当然，那个时候，风险可能也会随之而来，所以，我们需要保管好我们的加密钱包、私钥和资产，以便在各种各样的应用组合里面去使用或游玩。

Web3.0是实现元宇宙的重要保障，Web3.0中的用户拥有了自己的数据所有权，能够掌握自己的数据，在加密、去中心化、分布式数据中，个人数据和隐私得到充分的保障，并以此支持元宇宙文明的构建。

从中心到分布式数据存储

在讨论IPFS之前，我们先来简单梳理一下社交与Web各个发展阶段及其与IPFS、XFS等协议之间的关系，如图10-1所示。

社交1.0对应Web2.0的初级阶段，社交2.0对应Web2.0的中期与后期，社交3.0对应Web3.0（前面已讲过）。注意，社交3.0和Web3.0所在的很长一段时期是与早期元宇宙相互重合的。在Web1.0和大部分Web2.0阶

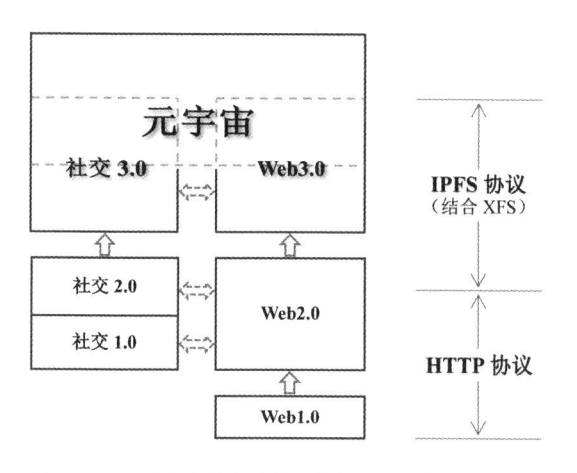

图10-1 Web发展与社交演化及其与互联网底层协议之间的关系

段的互联网时期，其底层重要支撑协议就是HTTP，而在Web2.0后期和Web3.0阶段及元宇宙初期，或将采用IPFS协议，同时结合XFS协议的底层技术。

IPFS（InterPlanetary File System）是第二代互联网的底层技术，中文名叫星际文件系统，是一种基于内容寻址、版本化、点对点的超媒体传输协议，集合了P2P网络技术、比特流（BitTorrent）传输技术、Git版本控制、自证明文件系统等技术，允许网络中的参与者互相存储、索取和传输可验证的数据。IPFS的目标是补充完善并最终取代近30年来使用的超文本传输协议，也就是HTTP

协议。

最早的计算机是单独运作的，有人设想通过一种方式或技术将所有计算机相互连接起来形成一个庞大的网络，这样，所有的计算机之间便可以进行数据交互、传输与存储，这项伟大的构想创造了互联网。其中使所有计算机互联的技术就是我们日常使用的HTTP，即互联网底层数据传输的规则，中文名字叫作超文本传输协议。

但是，这个HTTP是中心化的，如图10-2所示，就是集中起来的数据存储模式。举个例子，一般大点的公司都有自己的机房，这个机房链接公司内部所有的电脑，一旦机房出问题，那么这个公司的很多数据就会丢失。另外，随着网络普及、升级和各类产业、技术的融合，互联网诸如难以满足更加立体、层次丰富、内容多样的社交与商业活动，个体信息被暴露呈现完全透明化，数据丢失、被侵犯、被篡改和被贩卖等问题越来越多，越来越严重，所以人们迫切需要一种全新的技术来改变这一现状。

譬如你在微博上私信朋友一段有价值的A视频。A

视频首先要回到微博中心云端服务器,然后才传输到你朋友的微博。在这个过程中,A视频数据可以被拦截,可以在微博中心被缓存,微博有一定权限的人员可以侵权查看内容,甚至可以贩卖A视频数据,等等。所以,以此类推,其实你在互联网上的一切都是透明的,没有隐私可言。当然,如果微博总服务器坏了,那么,你在微博上的所有数据就会丢失。

而在第二代IPFS去中心化的网络(图10-2)中,每一个节点都只保存文件中的一个片段,即便是一个节点被攻破,黑客也只能拿到加密的一个片段,而不能获得整个文件。

同样以上面的A视频为例。A视频上传到IPFS网络

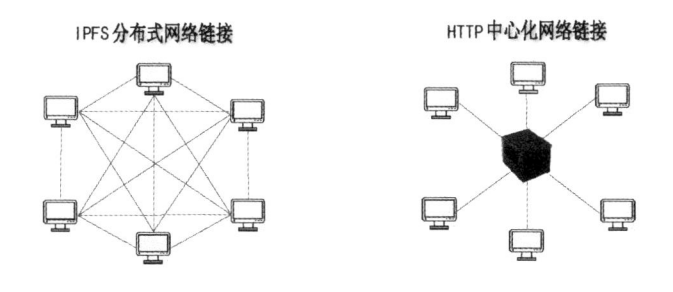

图10-2　IPFS网络与HTTP网络区别示意

时将自动被分割成若干片段,每个片段大小为256KB,这个视频可能被分割成10个片段,也可能是20个片段,具体由视频大小而定。分割完之后,这些片段会随机分发到网络上的各个节点,这些节点就是接入IPFS网络上的计算机。当你要观看A视频的时候,这些节点就会同时向你传输并在终端实现瞬间还原。

这样既保证了整个文件只有在发送端和接收端是完整的,又保证了数据在存储和传输过程中的安全性,同时极大地提升了文件传输的速度。另外,IPFS内置的哈希容错和哈希去重技术在极大地减少存储空间和成本的同时,还能保证数据永久保存。

由此,我们可以简单归纳一下,相比HTTP网络,IPFS网络主要具有如下优点:

第一,文件传输、下载速度更快,数据存储安全可靠。

第二,避免依赖主干网,造成网络拥堵,降低了同资源冗余度,同时大大节约了海量用户使用的带宽和存储成本。

第三，可以为内容创作带来很大的自由。由于IPFS网络非中心服务器，创作者的收益没有中间商抽成。这样会激发创作者的激情。

除此之外，IPFS网络还有两项重要的好处。

一是IPFS可以与区块链完美结合。区块链的本质是分布式账本，其瓶颈之一就是账本的存储能力，目前大部分公链的最大问题是没法存储大量的超媒体数据在自己的链上。运用IPFS技术能够在一定程度上很好地解决存储瓶颈问题，最典型的应用如EOS[①]。EOS可以支持百万级别TPS[②]的并发量，其中除了区块链共识机制的功劳之外，还归功于其底层存储设计采取IPFS来提高大型数据的传输效率。

二是可以为传统应用提供分布式缓存方案。IPFS-

---

① EOS，Enterprise Operation System，即为商用分布式应用设计的一款区块链操作系统。EOS是引入的一种新的区块链架构，旨在实现分布式应用的性能扩展。它并不是像比特币和以太坊那样的货币，而是基于EOS软件项目发布的代币，被称为区块链3.0。

② TPS，Transactions Per Second（每秒传输的事务处理个数），即服务器每秒处理的事务数，是软件测试结果的测量单位。一个事务是指一个客户机向服务器发送请求然后服务器作出反应的过程。在客户机发送请求时开始计时，收到服务器响应后结束计时，以此来计算使用的时间和完成的事务个数。

GEO是一个为传统LBS[①]（围绕地理位置数据而展开的服务）应用提供分布式缓存的项目，可以将地理位置坐标数据通过一定的算法转化成一维字符串，并将与之相关联的具有检索价值的数据存入IPFS网络，由IPFS网络标识唯一性，分布在各个邻近节点上。当检索请求到来时，系统先通过字符串近似度范围比较，缩小检索范围，同时从附近节点拿到超媒体数据，达到类似分布式缓存的效果，大大提高了LBS应用整个检索动作的效率。

此外，IPFS具有P2P的分布式网络技术，以目前的技术水平，使用P2P下载可以节省60%以上的带宽。可见，IPFS相对于HTTP协议更安全、更高效，使用成本更加低廉。IPFS在点对点的传输网络中，访问速度会很快，几乎不可能出现像HTTP中网络拥堵的现象。而且IPFS协议上的数据可永久保存在Web上，不再被删除。另外，不再依赖主干网络的分布式网络，可以有效抵御黑客对中心化服务器的攻击，用户数据和隐私可以得到

---

① LBS，Location Based Services（基于位置的服务），利用各类型的定位技术来获取定位设备当前的所在位置，通过移动互联网向定位设备提供信息资源和基础服务。

更好的保护。

IPFS 的未来

自从2015年1月IPFS正式发布以来,全球基于IPFS协议的网络节点已经超过百万级别,存储在IPFS网络上的文件超过100亿份,包括全球使用人数最多的浏览器谷歌与第二代浏览器火狐的数据存储,美国阿波罗登月计划的文件存储,美国国会图书馆的数据存储,德国航空航天中心用于遥感的数据存储,以及加拿大政府、以太坊基金会主网与万维网等文件和数据存储,等等。

中国政府对这项前瞻性事业也很重视。2021年7月15日至17日,由国家工信部和深圳市人民政府指导的"Web3.0中国峰会暨IPFS区块链分布式存储行业大会"在四川成都举办。此前,中共中央政治局常务委员会明确指出,要"加快5G网络、数据中心等新型基础设施建设进度"。

预计到2025年,全球每年新增数据体量将达到175ZB,现存数据存储基础设施只能承载其中的5%。这也是众多机构和政府纷纷涌入IPFS这一领域的原因。175ZB数据是个什么概念？如果用CD来存储这些数据的话，有人推算所有的光盘垒起来可以围绕地球220圈，往返月球23次。

未来，现实世界中各种各样的东西都要接入互联网，进而形成庞大的物联网。而这一物联网又要映射入元宇宙，使元宇宙成为现实世界的平行宇宙。那么数据产生的端口将呈现指数级别的增长，同时数据的体量也呈爆炸式递增。这么多的数据，应该如何存储呢？未来不排除还有新的技术产生，不过，就目前来说，IPFS是替代HTTP网络的最好方案。

可能有人会问，作为节点的电脑数以亿计，别人为什么要提供给IPFS用于存储数据呢？这是因为未来数据存储有着庞大的市场需求，这将成为一门产业。所以IPFS官方发布了IPFS的唯一结算通证FIL，存储服务提供商提供存储服务并获取相应的收益，在二级市场实时变现成自己想要的法币。同时因为FIL的通缩机制、市场流通率及全球的共识，FIL本身还会增值。所以，IPFS

官方很好地解决了这一问题。这个问题,我们就不在这里展开讲述了。

XFS 助推元宇宙升维

XFS系统很可能会为未来元宇宙的构建和升级维度提供关键支撑。XFS全称为X File System,X代表未知、无限,File是文件,System是系统,即一个未知而无限的新一代文件系统,实际上是一个分布式云存储平台。

XFS系统以区块链技术为基础,可以不通过任何第三方机构,为用户提供数据点对点直接的实时传输,并提供高级别的数据加密功能。XFS是一个面向全球、点对点的分布式版本文件系统,能将所有具有相同文件系统的计算设备连接在一起,主要目标是实现强调私密安全的分布式存储(如云盘等应用),为个人用户及企业级领域提供更安全、更高效的存储服务。XFS本身并不存储客户的数据资产,只是记录存储各方形成的存储合约。XFS主要有如下特点:

1. XFS采用P2P网络协议将客户(Client)与存储提

供方（Provider）相互连接。

2. XFS依据内容产生地址，提供高吞吐量的内容寻址存储模型。

3. XFS主要是通过默克尔树（Merkle Tree）数据结构来构建版本文件系统。在进行挑战与检验的时候，无须针对所有数据块解码，即可快速验证，也能更好地抵御攻击。

4. XFS文件分片协议，不存在单独的故障点，节点之间也不需要相互信任。

XFS系统对于元宇宙，至少有如下五种作用：

一是元宇宙必须永远在线，需要借助边缘计算技术，以保证用户得到快速、流畅的体验，解决高延迟、网络不稳定和低带宽等问题。XFS在边缘计算、云计算服务、资源存储等方面进行了大量优化，可为元宇宙提供巨大的算力。

二是XFS系统的出现，更好地保障了元宇宙用户虚拟资产和虚拟身份安全，使用户可以放心进行价值交换，并保障元宇宙的规则透明。根据默克尔树结构，XFS可以抵御去中心化过程中可能遭遇的智能攻击。这样，可为虚拟空间的各种内容产出提供链上确权，防止其被篡改、夺取或销毁。

三是XFS为每一位用户提供个人密钥，共识验证保证数据存储者是唯一可以阅览数据的用户，还能优化复制证明和时空证明[①]，确保数据的真实可靠。同时，完全开源的XFS，可为用户提供更多隐私空间，所有被存储的数据均可溯源。数据完全透明公开，不可被篡改。

四是在XFS网络中，用户与用户之间构成一个相互连接的网状结构，这便是XFS中多人社交的基础。用户可以自行设计生成个人专属的独一无二的标签。用户可以在XFS社交平台中设置不同的场景，通过特定的文字或者语音作为开启的钥匙。XFS高效的数据交互和处理

[①] 时空证明（Proof-of-Spacetime，PoSt），是解决如何证明数据在一段时间内一直被存储的方案。时空证明提出了证明链的数据结构，证明链由挑战（challenge）和证明（proof）链接起来形成，在证明链的基础上添加上时间段，这样就得到了一段时间内的矿工存储数据的证明。

能力，让这些场景可以实时互动，不仅能够增强交流的趣味性，而且能够提供高度的沉浸感。

五是XFS的高度开放性让用户可以自由创作，让用户拥有自己的交流方式，还可以自由搭建属于自己的空间，邀请朋友来到空间进行互动交流，甚至可以通过现实信息收集上传，搭建另外一个"现实世界"。

所以，以区块链为核心的XFS能够极大程度助力搭建虚拟世界和现实世界之间的桥梁，进而让"元宇宙"从一种"虚拟世界"变成现实世界的"平行宇宙"。甚至有人直接说，XFS就是一个平行于现实世界的元宇宙。

XFS的美妙及其与IPFS的区别

XFS系统的美妙之处在于优化了智能合约的灵活性，将复杂的智能合约以简洁的形式展现给用户，最重要的实现方式有两种，即多重签名和默克尔树。

默克尔树（图10-3）可以用来验证任何一种在计算机之间存储、处理和传输的数据。它可以确保在点对点网

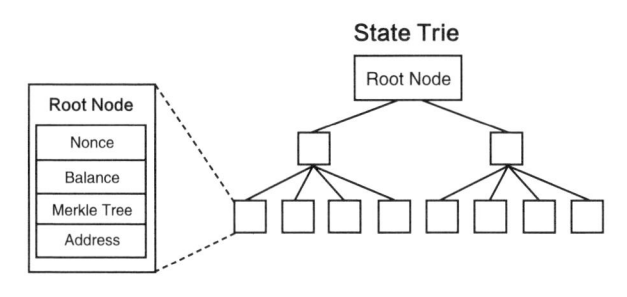

图10-3 默克尔树的结构简图

络中数据传输的速度不受影响，同时，数据自由跨越且通过任意媒介时不会有任何损坏或改变。默克尔树所形成的类似家族图谱的树状分叉结构，可以将海量的数据相关联，生成简化后的不可篡改的根据内容访问的地址。

XFS以全新默克尔树的结构来处理数据，这种树状结构的聚合数据方法使得同样的体积能够包含更多的信息，且展示给外界的信息是经过整合后的简化版。同时，默克尔树能让XFS中的区块链系统在保持去中心化和安全的前提下，使整个网络中的节点具备更高的数据存储容量，增强了网络的可扩展性。

通过默克尔树，XFS将复杂的智能合约交易隐藏在了系统底层，将简洁高效的科技之美展现给了用户。

另外，XFS现有的多重签名方式兼容以往的椭圆曲线数字签名[1]，即当多个私钥分别签名时，多重签名可以让这些签名聚合成一个，看上去是一个私钥签名的效果。这既能带来更强的隐私保护，也能节省网络空间，进而为交易降费、增速。

XFS与前面讲解的IPFS的主要区别见表10-4。

表10-4　XFS与IPFS的主要区别

	XFS	IPFS
目标角度	XFS内置了文件切片加密、冗余多副本、动态存储等相关底层设计，目标是成为全球最大的分布式云盘和边缘云存储基础设施，面向未来的物联网和未来的6G时代提供分布式的边缘云服务。实现强调私密安全的分布式存储（如云盘等应用）正是XFS的第一目标。	IPFS的目标是取代HTTP协议而成为新一代互联网的基础协议，因此其分布式存储网络面向公共服务，没有提供动态文件存储、多副本、文件内容加密、访问权限等功能。故IPFS不是云盘等对私密性要求较高的非公共服务。
成本角度	XFS对硬件无需求，个人、机构共享，即所有人可参与其中，属于零门槛的项目。	IPFS现存储的几乎都是企业公共数据，还需要投入机房，而投入机房的费用是很高的。

---

[1] 椭圆曲线数字签名算法（ECDSA）是使用椭圆曲线密码（ECC）对数字签名算法（DSA）的模拟。ECDSA于1999年成为ANSI标准，并于2000年成为IEEE和NIST标准。它在1998年即已为ISO所接受，并且包含它的其他一些标准亦在ISO的考虑之中。与普通的离散对数问题（Discrete Logarithm Problem, DLP）和大数分解问题（Integer Factorization Problem, IFP）不同，椭圆曲线离散对数问题（Elliptic Curve Discrete Logarithm Problem, ECDLP）没有亚指数时间的解决方法。因此椭圆曲线密码的单位比特强度要高于其他公钥体制。

第十一章 DAO 治理与颠覆性协同

如果"让一个组织（如公司）的所有权与分层管理体系消失，同时组织存续且能高效运转"，会是一种什么情况？

按照常规思维和传统思维，这种颠覆性的想法就是天方夜谭或理想主义。然而自从区块链产生后，人们不仅可以这样设想，而且有人已经开始试探性地落实这一思想了。这一观念及运作模式就叫作 DAO 治理或 DAO 组织。

DAO 治理到底是什么？其价值在哪里？弊端在哪里？实践情况如何？它与 Web3.0 时代及元宇宙到底有何关系？这里展开谈谈。

DAO一词是英文Decentralized Autonomous Organization的缩写，意思为"去中心化的自治组织"。DAO治理是基于区块链的核心思想理念，是在没有集中控制或第三方干预的情况下，由达成同一个共识的群体自发产生的协同行为衍生出来的一种自主运行的组织形式。

所以，DAO治理是公司、集团等组织形态的进化版，是人类协作史上的一次革命性的进化。它有望成为应对不确定、多样化、复杂环境的一种新型的有效组织。

DAO治理不仅是Web3.0时代主要的治理模式，而且很有可能在未来元宇宙的内部治理上发挥重大的作用。

产生的根源

如今的社会，科技突飞猛进，万物都可以数字化且正在数字化。庞大的数字产业与科技反哺实体产业，让很多实体产业变得更加机械智能化、更加简单程序化，智能化与程序化又是最易数字化且由数字化支撑的形态。于是，曾经作为国民、社会支柱的传统产业逐渐被数字产业排挤、替代，其中有些甚至沦为边缘、低阶层的产业。社会为适应这种变化，组织结构一再变革，由标准的金字塔式逐渐向扁平化转变。但是，即便是最科学最高效的人力组织也难以应对如今排山倒海般的数字化、数据化浪潮，以及多学科融合带来的社会生产颠覆性的变化。所以，数字化的现代社会迫切需要组织管理形式的范式转换。

在社会生产领域的主要劳动力，已经不再是传统产业的工人了，而是那些掌握数字化设计、操作与组合技术的技师、工程师与各类数字化程序员。这些社会中坚力量越来越不满足于那些不能直接创造价值而又高高在上且轻易分走绝大部分价值的资本所有者的"支配"了，他们要寻求某种变革。

这个时候，技术提供了可能。

一方面，那些在加密世界里的现代"炼金术师"激励了一批技术专家重新思考金融和商业世界的运作方式，他们的目标不仅仅是支付系统和金融工具，而是探索基于区块链的生态，为实现线上群体以虚拟身份进行跨距离协调合作，且合作形式或许完全依赖于软件。

另一方面,社会数字化的中坚群体从这批小众技术专家的实践中找到了灵感,开始寻求通过区块链技术和智能合约来进行团队或组织的决策、资本积累和资本部署。这些决策、积累与部署正是通过"分布式或去中心化自治"这种被称为"DAO"的数字原生组织的治理方式达成的。随着时间与经验的积累,他们越来越相信DAO治理有望成为新的互联网时代的主要组织结构和治理方式。

DAO治理的思想早就有了,但是真正的实践出现在区块链生态系统中,即如何管理开源代码技术,这种技术在设计上涉及高度自治。DAO治理的运用,让人们意识到它可以解决软件开发人员所面临的棘手问题。随后,DAO治理在开源技术和自动化软件领域日益发展,展现出强大的生命力。

我们认为,受开源协作的启发,DAO治理用协议和系统将人们联系在一起,实现共同的社会或经济使命。加上它具备天然的原生数字化形态,DAO治理很容易加入全球化产业体系,并将发挥重大作用。

核心特点与颠覆性

与传统的组织现象不同，DAO治理不受现实物理世界的空间限制，其演化过程由事件或目标驱动，快速形成、传播且高度互动，并伴随着目标的消失而自动解散。它具有充分开放、自主交互、去中心化控制、复杂多样及涌现等特点，具体见表11-1。

传统组织形态中，与DAO治理最相似的可能就是为特定事项建立的"项目小组"。但是DAO治理不受空间、时间及人员（包括人数及是否相互认识）等条件限制，将组织的管理和运营规则以智能合约的形式编码在区块链上，是"项目小组"数字化、通证化的超级升级版，二者可谓存在天渊之别。

表11-1　DAO治理的核心特点

1	分布式与去中心化	不存在中心节点及层级化的管理架构，通过自下而上的网络节点之间的交互、竞争与协作来实现组织目标。因此，DAO中节点与节点之间、节点与组织之间的业务往来不再由行政隶属关系所决定，而是遵循平等、自愿、互惠、互利的原则，由彼此的资源禀赋、互补优势和利益共赢所驱动。每个组织节点都将根据自己的资源优势和才能资质，在通证的激励机制作用下有效协作，从而产生强大的协同效应。

续表

2	组织大小与维系手段	组织不在一个或少数几个司法管辖区内运作，而是寻求在全球范围内扩展。DAO将数千（而非几万或者几十万，即并非越大越好）成员聚集在一起（无论他们的地理位置、背景或信仰如何）。同时，DAO通常试图避免书面协议或其他形式的法律手续，组织成员使用软件和代码来管理事务。
3	成员关系与时效	组织成员之间隐含的关系是独立与平等的关系。组织成员身份不一定是持久的，可能是暂时的。成员可以在有限的时间内加入组织，也可以由于缺乏兴趣、面临更好的机会或其他原因退出。
4	自主性与自动化	管理代码化、程序化且自动化。"代码即法律"，组织不再是金字塔式而是分布式，权力不再是中心化而是去中心化，管理不再是科层制而是社区自治，组织运行不再需要公司而是由高度自治的社区所替代。此外，组织在由利益相关者共同确定的运行标准和协作模式下运行，组织内部的共识和信任更易达成，可以最大限度地降低组织的信任成本、沟通成本和交易成本。
5	组织化与有序性	依赖于智能合约，组织的运转规则、参与者的职责权利及奖惩机制等均公开透明。此外，通过一系列高效的自治原则，相关参与者的权益得到精准分化与降维，即给那些付出劳动、作出贡献、承担责任的个体匹配相应的权利和收益，以促进产业分工及权利、责任、利益均等，使得组织运转更加协调、有序。
6	智能化与通证化	组织底层以封装的支持DAO及其衍生应用的所有基础设施——互联网基础协议、区块链技术、人工智能、大数据、物联网等为技术支撑，以数字化、智能化、链上链下协同治理为治理手段，改变了传统的科层制及人为管理方式，实现了组织的智能化管理。通证（Token）作为组织治理过程中的重要激励手段，将组织中的各个元素诸如人、组织、知识、事件和产品等数字化、通证化，从而使得货币资本、人力资本及其他要素资本充分融合，更好地激发组织的效能和实现价值流转。

元宇宙的必然

DAO治理为区块链、智能合约和数字资产在互联网上运作提供支持，而Web3.0是互联网的顶级形态，又是元宇宙的底层支撑，元宇宙很可能是Web3.0的终极模式，或将是彻底替代互联网的人类未来两大生存空间之一。

所以DAO治理是最适合于Web3.0与元宇宙这类去中心化、分布式与数字化生态体系的组织和治理模式，也是Web3.0时代与元宇宙生态的必然要求。为什么这么说呢？我们从两个方面来讨论。

一方面，在未来庞大的元宇宙里，人们都以数字形式存在，它的内部治理至少需具备三大要素。一是具备能与数量不定的陌生人达成共识的组织目标和组织文化，包括组织的使命、愿景和价值观等。二是具备能与数量不定的陌生人达成共识的创立、治理、激励等规则体系，这些规则通过区块链技术置于链上。三是具备能与所有参与者形成利益关联的代币（Token），以实现全员激励。

而上述三大要素也正是DAO治理产生的重要条件。

另一方面，DAO治理将会为元宇宙解决如下问题。

一是规则一致性与防篡改问题。

在未来的元宇宙中，组织内所有既定的决定、规则通过DAO治理形成一套无法被篡改的程序，除非投票人群体同意这么做。比如，涉及时效的事项可以通过时间戳自动执行，而避免现实世界中需要面对面监督甚至处罚的麻烦。再比如，现实中如果老板迟到，他可能会通过设置例外情况来变更规则，然而DAO治理通过代码确保规则适用于每个人。

二是无边界的快速决策问题。

在现实中，不同国家的人存在时差不同、制度不同和资源不同等差异，合作起来是很难协调的。比如A国的某人只需一天即可完成业务，而B国的某人需要两个月时间来启动。显然，B国人并没有A国那样的资源。

而在未来的元宇宙里，DAO治理能够很好地解决这类问题。它可以通过遵守一套标准规则，让每个人都在同等条件下工作，而不用考虑地理位置、地区制度与资源环境。所以，从本质上说，元宇宙中创建DAO治理的主要原因之一是为个体的创造与组织的运营提供一个平等的体系。

三是组织决议与投票问题。

如今的公司、集团内都有董事会来做重要决策。这么做的问题是，这些组织通常只对少数问题进行投票，且决策并不一定代表组织内大多数人的意志。

在未来的元宇宙中，DAO治理可以改变这一点，它允许组织内任何人就他们关心的问题进行投票。例如按照代币持有比例进行投票，组织成员可以根据自己的意志对提案进行相应比例的代币投票。系统不会对组织成员的输入忽略不计，而是确保所有投票都被统计并向所有人显示。

分类与优势

DAO治理较少以等级制度实现，通常更依赖于团队共识，并通过分布式共识管理，大体分为两类：一是算法DAO治理，属于新兴阵营；二是使用智能合约来收集成员的投票或偏好，即参与式DAO治理。

算法DAO治理完全遵从软件来协调社会交互，其目标是在本质上完全算法化，底层智能合约可以控制DAO的全部功能。例如狗狗币、以太坊、比特币等基于去中心化的区块链协议。未来在元宇宙的某些单元或应用上，完全可以将DAO治理算法化。

参与式DAO治理，意思是初始开发者可以将正在进行的决策转移到该软件的用户和支持者中。组织成员通常有权设置底层智能合约所需的参数，还可以更新智能合约本身。治理决策是通过投票发生的，而投票权重通过分发给用户、开发者及投资者的代币来衡量。所以，参与式DAO治理有助于减少智能合约的不利因素。

参与式DAO治理组织预示着未来开源技术将由其用

户或代币持有者管理，他们将致力于持续发展基于智能合约的底层技术。这些治理代币对于开发者有所制约，避免开发者做出对用户不利的决策。

参与式DAO治理可以继续细分成很多类型，如今正在向传统金融和商业领域拓展，比如风险资本融资等。未来在Web3.0与元宇宙的生态系统里，参与式DAO治理将会广泛运用，或许比算法DAO治理更为普遍。

DAO治理的优势体现在：数字资产可在区块链网络中畅通无阻地转移，无须金融机构层层审核，而是通过验证器向底层数据添加区块。比如，参与者只需在手机或区块链钱包上点击几下，便可向DAO治理贡献数字资产，并成为组织成员。由于这些优势，从2016年末到2018年中，业界通过代币销售筹集了数十亿美元，用于开发新的软件应用程序、网络和平台。

参与式DAO治理容易将众多利益相关者的信息和反馈纳入进来，从而消除对一个或多个中央管理者的依赖，进而从事实上真正杜绝制度性腐败。

DAO治理还可以通过算法系统部署投票方案以简化群体决策，比如签署链上交易、记录链上投票（包括代理投票）并以加密方式验证成员投票的结果，而投票权重则是通过资本占比、所有权或治理代币进行评估的。这样可以确保成员遵守决策程序并减少潜在的误判。相比传统机制来说，效率将会大幅提升，成本将会大幅降低。

由于区块链的不可篡改性使组织无法控制规则的制定，任何内部人士也无法修改、逃避或妥协于规则，所以DAO治理可以有效地杜绝单方面转移资金，避免组织资产遭受骗取。

另外，由于会员提供了智能合约的执行机制，如果某个成员不再服务于组织，系统便会自动收回成员所有或部分资产，业界称之为"怒退"机制。这一机制不仅保障了成员的下行风险，而且在一定程度上控制了任何一笔存入组织的资金。

显然，DAO治理的好处在于，即使成员不知道组织内部的现有关系，也能培养更强大的信任。这种互不认识的关系反过来可能产生竞争优势并创造更多财富。

DAO治理的上述优势，在一个传统组织中是很难体现的。未来在数字化的元宇宙里，这些优势不仅能全面发挥出来，而且有望迭代、升华和派生出更多的优势，让个体、团队的创造性被真正激发出来，甚至出现裂变式创新。

治理的局限性

就目前来说，DAO治理还存在很多局限性。主要集中于如下几点：

一是算法化不是万能的，不是一切都能自动化。DAO治理通过智能合约已经把很多金字塔式决策演化成了算法，让很多人工任务变成自动化执行。但是，不是一切都可以算法化和自动化的。比如分配工作资金，DAO治理可以使用智能合约发送资金给开发团队，但是却无法确保该开发团队完成开发任务，也无法确定资金是否被正确使用。

二是DAO治理目前还很难在大型组织中发挥重大作用，因为这些组织复杂的结构体系必将带来诸如安全、扩展性和灵活性等无数的技术挑战。2017年，西门子成为第一家在内部使用DAO治理的《财富》世界500强公司，结果发现不太实用。而DAO治理在中小型的特别是完全数据化的团体、组织中则越来越表现出先天优势和价值。而在未来的元宇宙中，这种中小型的数字化团体或将是最主要的组织形式。如果这个判断成立的话，那么，DAO治理就是为元宇宙量身定制的一种崭新的管理与治理模式。

三是DAO治理依托于智能合约，而智能合约一旦部署到区块链，就很难修改。智能合约是自治的、防篡改的，这会带来很多好处，但是在监管方面也会带来一些挑战，比如软件用户在出现技术或监管问题时难以修改等。

四是人为因素需要考虑。如果参与率太低，就很难分辨出投票（主要针对参与式DAO治理）是否真正代表组织内的大多数。对DAO治理提案和投票过于依赖，也可能会导致个人持续进行很多小决策，这从根本上限制了投票人完成所分配任务的时间。从现实角度考虑，因为上述原因，创建运行在DAO治理上的小型组织更有可行性。这也是对上面第二点的论证。

五是DAO治理缺乏法律的支持，当前并不享有跟其他类型组织同等的法律保护。比如，智能合约代码看上去有助于保护个人，但法院并没有正式认可这些。再比如，在某些情况下，DAO治理下的组织权益可能难以分类，这在涉及证券法等经济法规时会引起监管部门的担忧。未来还有很长的路要走。

图书在版编目（CIP）数据

元宇宙革命与矩阵陷阱：科技大集成和文明大考 / 王骥著. -- 北京：华文出版社，2022.2

ISBN 978-7-5075-5617-9

Ⅰ.①元… Ⅱ.①王… Ⅲ.①信息经济－通俗读物 Ⅳ.①F49-49

中国版本图书馆CIP数据核字（2022）第018324号

元宇宙革命与矩阵陷阱：科技大集成和文明大考

著　　者：王　骥
责任编辑：杨艳丽　袁　博
出版发行：华文出版社
地　　址：北京市西城区广外大街305号8区2号楼
邮政编码：100055
网　　址：http://www.hwcbs.com.cn
电　　话：总编室 010-58336210　编辑部 010-58336191
　　　　　发行部 010-58336202　010-58336230
经　　销：新华书店
印　　刷：三河市航远印刷有限公司
开　　本：880×1230　1/32
印　　张：8.875
字　　数：180千字
版　　次：2022年2月第1版
印　　次：2022年2月第1次印刷
标准书号：978-7-5075-5617-9
定　　价：58.00元

版权所有，侵权必究